Ritagli

collana diretta da
Massimo Franco

GIUSEPPE DE RITA
con Lorenzo Salvia

Oligarca per caso

Il racconto della vita
di un italiano alla ricerca
degli italiani

SOLFERINO

SOLFERINO

www.solferinolibri.it

ISBN 978-88-282-1568-4
Prima edizione: settembre 2024

Oligarca per caso

Prologo
I ragazzi dell'alberata

Dovevo fare l'esattore dell'Aci. Un lavoretto da impiegato neanche male per l'Italia dei primi anni Cinquanta, ancora povera e segnata dalla guerra, inconsapevole del miracolo economico che l'aspettava dietro l'angolo della storia. Il posto l'aveva trovato mio padre, era tutto pronto. Il contratto prevedeva all'inizio un anno di corvée, una specie di apprendistato: nei primi dodici mesi avrei dovuto fare ogni giorno il giro dei parcheggi dell'Automobil club di Roma per raccogliere l'incasso e portarlo alla sede centrale, con una Lambretta che mi avrebbero dato loro. Poi, dopo un anno, sarei passato dipendente a tempo indeterminato. Oggi può sembrare assurdo ma poteva andare davvero così. La tendenza della mia famiglia era quella al lavoro sicuro, alla vita tranquilla. In fondo la stessa di un Paese intero che proprio in quel periodo cominciava a canticchiare le canzoni del Festival di Sanremo, con la prima edizione del 1951.

Mia madre Maria Nota era venuta a Roma da Pontecorvo, in provincia di Frosinone, dopo aver vinto nel 1929 il concorso del Governatorato come maestra elementare. Mio padre Raffaele la raggiunse poco dopo e trovò lavoro come cassiere al Banco di Santo Spirito. Io sono nato nel 1932, mio fratello Massimo due anni più tardi. Ai miei genitori ho voluto naturalmente un gran bene ma devo riconoscere che la nostra era un'estrazione piccolo borghese, da ceto medio senza troppe ambizioni. Il posto all'Aci, del resto, non è stato l'unico segnale di questa propensione a volare basso che ho avuto nella prima fase della mia vita.

Non avevo alcuna vocazione intellettuale o professionale, non sapevo cosa fare da grande. Una volta mio padre mi disse: «Guarda, nel sistema bancario c'è un accordo tacito: di solito uno dei figli dei dirigenti viene assunto in un'altra banca; fa parte del codice». Gli avevano detto che al Credito Italiano o alla Banca di Roma – non al Banco di Santo Spirito, dove stava lui – mi avrebbero preso senza problemi. Io rifiutai: «Papà, manco morto! In tutti questi anni ho visto gli orari che hai fatto, ho visto la noia sconfinata del tuo lavoro. Grazie, ma non ci penso proprio». Lui ci rimase male ma non insistette più di tanto.

Quasi per reazione, qualche tempo dopo, ottenni un colloquio per essere ammesso alla scuola di management dell'Ipsoa. Dall'altra parte del tavolo c'erano Giovanni Enriques – già direttore della Olivetti, poi presidente della Zanichelli e tante altre cose ancora – e Gino Martinoli, che aveva gestito l'Olivetti quando Camillo e Adriano Olivetti erano stati costretti a fuggire in Svizzera durante il fascismo (poi anni dopo sarebbe diventato il mio presidente al Censis). Mi fecero un po' di domande, io risposi benino, forse un po' timido anche perché loro erano due monumenti nazionali mentre io solo un giovanotto. Alla fine Gino, al quale negli anni successivi non l'ho mai rinfacciato, mi disse: «De Rita, lei mi sembra un bravo ragazzo ma si deve fare le ossa su qualcosa di concreto: le consiglio un anno in banca». Ci rimasi malissimo. Me ne andai e non mi feci più sentire. Forse anche loro avevano annusato quella mia tendenza al posto fisso, alla tranquillità, massima aspirazione per il mondo dal quale venivo e che mi aveva formato.

Del resto la stessa atmosfera la respiravo tra i ragazzi dell'alberata, il gruppo di amici con i quali ogni pomeriggio mi ritrovavo davanti alla Basilica di San Giovanni in Laterano. La mia famiglia abitava proprio in quella piazza, dal lato della Scala Santa, sopra alla vecchia trattoria Cannavota. Dalle finestre di casa potevo vedere se i miei amici erano all'alberata, cioè all'ombra dei pini, oppure no. E quindi non mancavo mai. Il gruppo era nato nella primavera del 1945, quando eravamo tornati a Roma dallo sfollamento a Frosolone, in Molise. Prima con due ragazzi che abitavano nel mio palazzo, poi allargandoci agli amici degli amici, alla fine avevamo creato una bella comitiva di adolescenti. Quasi tutti maschi.

Le ragazze erano poche, ne ricordo una molto brava a scuola, per questo soprannominata «Lea nove in greco». Ma era un'eccezione. In più le ragazze erano tutte molto «attenzionate» dai genitori, per nulla convinti della nostra compagnia, del nostro livello medio-basso, a volte bassissimo. La mia famiglia era di buona estrazione sociale ma la verità è che nei fatti, nei comportamenti, eravamo plebe. Si giocava a palletta, ci si menava vorticosamente, ci si esprimeva prevalentemente a parolacce, si era follemente gelosi delle nostre poche ragazze. E i soprannomi dei maschi non prendevano spunto da buoni voti scolastici: uno veniva chiamato «buralice», un altro «lo scoparo», un altro ancora «ficalunga». Avevamo il guizzo, questo sì, di comprare a turno «La Settimana Enigmistica» e fare un cruciverba tutti insieme; ma non c'era una prospettiva futura in quel gruppo, non c'era uno sbocco. Da quell'esperienza, tuttavia, mi sono rimaste due cose utili. La prima è una certa vocazione a saper essere plebei quando serve, a «mettere una cianghetta» quando il gioco si fa duro. La seconda, più importante, è la consapevolezza che ci si può menare quanto si vuole ma non si deve mai rompere in modo definitivo la relazione con gli altri. All'alberata abbiamo fatto delle scazzottate spaventose ma il gruppo non è mai stato messo in discussione. Forse era anche l'atmosfera del dopoguerra, si aveva voglia di costruire più che di sfasciare. Ricordo *Miracolo a Milano* di Vittorio De Sica e Cesare Zavattini: c'era questo ragazzino che usciva dal collegio e diceva buongiorno a tutti. «Buongiorno, buongiorno, buongiorno.» A un certo punto un signore lo ferma e gli chiede perché mai stesse salutando tutti. «Volevo solo dire buongiorno», voleva cioè entrare in relazione, in contatto con gli altri.

Una delle cose peggiori del plebeismo di oggi è che l'ondata politica del vaffa di Beppe Grillo ha cancellato in modo definitivo il valore della relazione. Se i grillini fossero stati dei bravi plebei come noi dell'alberata, avrebbero detto cose terribili ma non sarebbero arrivati allo strappo finale. Invece erano e sono piccolo borghesi, in senso pasoliniano, e pagheranno loro stessi il prezzo del vaffa con la progressiva espulsione dal sistema. Per questo mi sono sentito di nuovo un ragazzo dell'alberata quando ho detto che, con il suo vaffa, Grillo stava sbagliando tutto.

Come tutte le comitive, anche quella dell'alberata a un certo punto si sciolse, attorno al 1951. Alcuni si erano fidanzati con ragazze esterne al nostro giro, qualcun altro si era semplicemente stufato. E poi eravamo diventati troppi, una sessantina, non c'erano più nuovi ingressi e si respirava un'atmosfera di routine. In fondo la conclusione era nelle cose anche se in quel momento nessuno di noi se ne poteva rendere conto. In più, proprio nello stesso anno, ebbi la mia prima grande delusione causata da una certa Anna Maria con la quale, forse ingenuamente, avevo immaginato di costruire una vita insieme. Ne soffrii parecchio, come succede a quell'età.

Nemmeno gli studi erano in quel periodo un appiglio al quale potersi aggrappare. Dopo essere uscito dal Tasso, il liceo della borghesia romana, mi iscrissi senza troppa convinzione alla facoltà di Giurisprudenza della Sapienza di Roma. Ricordo ancora l'esame di Storia del diritto italiano con il professor Francesco Calasso, padre di Roberto, futuro padre-padrone della casa editrice Adelphi. Costui era ancora più geniale del figlio, aveva scritto libri meravigliosi in cui spiegava come era nata la dimensione giuridica statuale italiana ma anche un testo molto originale che metteva a confronto l'interpretazione giuridica con quella musicale. Aveva avuto anche una vita avventurosa: come esponente della Resistenza a Firenze era stato sospettato di essere uno dei mandanti «ideologici» dell'uccisione di Giovanni Gentile. Un vero personaggio, insomma, che teneva lezioni molto affascinanti alle otto del mattino con l'aula sempre piena.

Io amavo tantissimo quella materia, forse era l'unica per la quale avevo studiato bene. Per questo andai all'esame abbastanza tranquillo. Risposi alla prima domanda e a un certo punto citai l'editto di Worms, con la W pronunciata all'inglese: *Uorms*. Il libretto, all'epoca erano ancora in cartoncino rigido, mi arrivò dritto qui, in fronte.

«Si dice *Vorms*, è tedesco. Se ne vada.»

Tornai tre mesi dopo, prima domanda su un tema che conoscevo bene: i limiti dei diritti di proprietà. Risposi che sono infiniti verso l'alto e verso il basso. Solo che esagerai, lo dissi in latino e si vede che impapocchiai qualche cosa: «Lei non ha studiato, se ne vada».

Tornai la terza volta, ormai impaurito e quindi incapace di connettere. Appena cominciai a rispondere, lui inclinò di lato la testa e mi disse: «Senta un po', ma lei ce l'ha un padre e una madre?».

«Sì» risposi io.

«Allora dica loro di comprarle un pezzo di terra e di mandargliela a vangare. Lei non ha la testa per gli studi. Via.»

Tornai la quarta volta ormai disperato. Appena cominciai a rispondere lui inclinò di nuovo la testa: «Senta un po', ma lei ce l'ha un padre e una madre?».

Io risposi subito: «Sì, ma non hanno i soldi per il pezzo di terra».

Ventisei, e mi mandò via. Anni dopo lo raccontai al figlio («Robe', tuo padre mi ha bocciato tre volte e mezzo») e lui si mise quasi a urlare: «Era così pure a casa! Un sadico! Un sadico!».

Oggi ne rido ma quell'esame è forse la prova più evidente di come in quegli anni mi limitassi a vivacchiare. Tra studi zoppicanti, amore perduto e gruppo di amici che si sfaldava senza lasciare un'eredità, ero un ragazzo senza bussola. Poi a salvarmi da quell'apatia, dalla Lambretta dell'Aci, dal posto fisso in banca e dal mio destino piccolo borghese arrivò, quasi per caso, una proposta.

1
Sermoneta, un'operazione oligarchica

La mia nuova vita cominciò proprio in quel 1951 con un misterioso «Corso di educazione civica» organizzato a Sermoneta da un altrettanto misterioso Movimento di collaborazione civica, Mcc. Allora non sapevo nemmeno cosa significasse quella sigla ma avrei imparato presto che era nata subito dopo la fine della Seconda guerra mondiale, come movimento di opinione a opera di un gruppo di antifascisti, prevalentemente di radice azionista.

Avevo diciannove anni, arrivai a Sermoneta insieme a un gruppo di coetanei dopo un lungo viaggio in treno fino a Latina, mezz'ora di corriera traballante e una scarpinata lungo i tanti gradini che portano in cima al paese. Era un bel pomeriggio di sole quando varcai per la prima volta il doppio portone del castello. La rocca era stata messa a disposizione dalla principessa Margherita

Caetani, che proveniva da una ricchissima famiglia americana ed era arrivata in Italia per amore di Roffredo, settimo e ultimo duca di Sermoneta. Margherita «regnava» a Roma, nel suo palazzo a Botteghe Oscure, ma eleggeva residenza volentieri nel favoloso Giardino di Ninfa, proprio sotto la collina di Sermoneta.

Io ero stato «reclutato» dal mio professore di storia del Tasso. Quelli del Movimento di collaborazione civica erano in contatto con i docenti di storia e filosofia delle migliori scuole di Roma. Ma il vero motore di tutto era Cecrope Barilli, educatore, poeta, animatore sociale. Cecrope come suo nonno e come il primo re di Atene. Una persona straordinaria. Verso di lui porto ancora oggi una enorme riconoscenza per avermi insegnato a vivere e, se mi si passa un po' di enfasi, a essere. Perché, oggi posso dirlo con sicurezza: senza Cecrope la mia vita sarebbe stata diversa, forse più povera, sicuramente più triste.

Il corso consisteva in una settimana passata nel castello a seguire lezioni e fare esperienze di vario tipo. Era residenziale e misto: si mangiava e si dormiva lì, quindici ragazzi e quindici ragazze. Una cosa del tutto inusuale per l'epoca. Ma a essere sorprendenti, per un giovane di allora, erano soprattutto i contenuti del corso. La prima sera, arrivato il momento di andare a dormire, Cecrope ci incitò a cantare canzoni popolari come *Tutte le funtanelle* oppure *Se l'amore mio me vulisse bene.* Uno strazio, eravamo tutti stonati. Soprattutto io che ricordavo ancora bene un episodio della scuola elementare quando, in occasione della visita di un ministro giapponese, fui escluso dal coro perché troppo scarso, e declassato a urlare «Nippon banzai» agitando una bandierina. Alla fine di quella settimana, però, saremmo stati in grado di eseguire con una certa dignità un canone settecentesco a quattro voci. Era successo infatti che il direttore del nostro coro, Tullio Savi, ci aveva portato per due giorni nel fondo del castello, nelle prigioni, per farci cantare la melodia che avevamo scelto (*Summer is coming in*, la più antica canzone inglese) urlando a più non posso; dopo un'ora ci chiese di ridurre il volume della voce, e dopo un'altra ora scoprimmo (io con emozione grande) di avere una voce, di poter cantare. Cantare, non sentir cantare come mi era capitato fino ad allora, facendo ogni tanto la claque all'Opera di Roma.

La mattina seguente, dopo aver dormito sui gelidi e scrocchianti materassi di pannocchie di granturco e fatto docce gelate con l'invadente odore del Lifebuoy, il sapone inglese che ancora uso ogni mattina, cominciò la prima lezione. Un misterioso signore – che anni dopo capii era mister Snodin, il primo direttore del British Council in Italia – ci spiegò come si «deve» svolgere una discussione collettiva: chi vuole parlare alza la mano e aspetta pazientemente che tocchi a lui, senza mai interrompere chi sta già parlando; quando arriva il proprio turno, si parla per non più di cinque minuti; non si replica subito agli altri ma si ha il dovere di ascoltare tutti; in ogni caso non si alza mai la voce. Solo dopo avrei capito quanto fossero importanti quelle regole e che una classe dirigente si forma innanzitutto nella capacità di dialogare con civiltà, senza indulgere alle sopraffazioni.

Nel pomeriggio arrivò la prova più difficile per noi liceali romani, fatalmente inchiavardati al nostro corpo: non solo cantare canti popolari, come la sera prima, ma addirittura ballare danze popolari. All'inizio ci sentivamo imbranati e ridicoli ma poi capimmo che quello era un vero e proprio passaggio liberatorio: il ritmo della marcia e il trascinamento dei corpi ci resero sincronici e felici. Ogni volta che nella mia vita professionale mi sono trovato dentro un gruppo capace di sincronia (di comportamenti e di pensieri) ho ricordato quello che avevo imparato a Sermoneta. Senza l'autostima del mio corpo, della mia voce, dei miei movimenti, non sarei stato quello che sono. È una cosa che si nota subito nelle persone.

Penso ad esempio al mio grande amico Celestino Segni, figlio del presidente Antonio Segni, mio compagno di stanza negli anni della Svimez. Abbiamo fatto tante cose insieme, era una persona molto più in gamba di me, ma quando si muoveva si vedeva che non era a suo agio con il proprio corpo. Poi era uno skipper favoloso, a Stintino lo conoscevano tutti, ma non aveva quella specie di rotondità del modo di essere che non ti può venire dal pensiero, dalle idee, dal lavoro. Ti può venire solo da queste cose che sembrano secondarie, come il canto o la danza, e invece sono fondamentali. Alla fine l'educazione civica è proprio costruzione della sincronicità, mentale e fisica. Noi invece l'abbiamo trasformata in una materia scolastica, con interrogazioni, voti, esami. E così l'abbiamo messa in cantina.

Dopo cena ci aspettava una esperienza indimenticabile. Cecrope aveva invitato un certo ingegner Magrini a raccontarci la sua esperienza di deportato ad Auschwitz. Se penso a noi trenta liceali romani in quegli anni, innaffiati di qualunquismo e revisionismo antioccidentale, fu uno shock terrificante: ho ancora in testa la voce atona e senza emozione con cui l'ingegner Magrini concluse dicendo che «quando fummo liberati, alcuni di noi, me compreso, hanno seguito la tentazione di uccidere con le proprie mani qualcuno dei guardiani». Quella sera, senza né canti né suoni, andammo a letto in un silenzio di abisso.

L'incontro che ci colpì di più fu però quello con Claudio Modigliani, famoso psicanalista: ci propose una lettura della realtà attraverso la presa di coscienza delle nostre pulsioni e delle nostre libido, obbligandoci a guardare le cose con occhi diversi da quelli della nostra ordinaria e banale psicologia. Adesso immaginate dei ragazzi di piena borghesia romana, del Tasso, del Virgilio, del Visconti, che per la prima volta sentono parlare di libido e di sesso. L'effetto fu dirompente: molti si scatenarono a far domande curiose, mentre altri rimasero in un silenzio sconcertato. Diverse ragazze si innervosirono, protestarono. Una in particolare si proclamò terziaria francescana dicendo che riteneva inammissibile che si parlasse così liberamente di cose intime. Voleva andare via, le misi una mano sulla spalla dicendole, con il nomignolo inventato per lei da Cecrope, «Marchesina, non vada via»;

non se ne andò, rimase fra noi e anni dopo sarebbe diventata mia moglie, Maria Luisa.

La nostra non fu l'unica coppia che si formò durante i corsi del Movimento: ricordo Alberto Parenti e Maria Del Rosso, oppure Tullio Savi e Anna Ponzo. Intendiamoci, a Sermoneta nessuno pensava di andare sui merli a fare l'amore ma la cosa veniva naturale: stavi lì, ti conoscevi, cominciavi una confidenza, ti frequentavi anche dopo e andavi avanti. È anche vero che noi ragazzi eravamo entusiasti del corso fin dal primo momento: si usciva dalla guerra, la miseria era ancora tanta, tutto era ignoto o comunque nuovo.

Mentre per le ragazze la situazione era più delicata. Temevano di rischiare qualcosa rinchiuse per una settimana in un castello con quindici giovanotti. Qualche anno dopo seppi che il mio futuro suocero era andato da Cecrope a chiedere «garanzie» per sua figlia. Con tutto che Cecrope, essendo un po' libertino, credo abbia risposto con un divertito sorriso.

A un certo punto, in quei giorni, ci fu il rischio che tutto saltasse per aria. Era stata organizzata una discussione sul concetto di patria, tema delicato negli anni del dopoguerra, tutti segnati dal complesso della sconfitta bellica; uno di noi disse: «Per me la patria è la mia motocicletta». Una delle ragazze, straordinaria, spiazzò tutti: «Per me è la finestra da cui mi affaccio a vedere che cosa succede». Capirai. Allora eravamo ancora tutti semifascisti, spesso qualunquisti. Il gruppo più politicizzato protestò: «Qui si calpestano i morti, noi lasciamo il corso e ce ne andiamo». La tensione era altissima e, per ricucire, Cecrope usò tutte le sue doti di mediatore: «Se volete andar via,» disse «io non posso fermarvi. Sappiate però che l'ultima corriera per la stazione di Latina è già partita mezz'ora fa. O aspettate domani o dovete andare a piedi». Alla fine non partirono più e tutto si ricompose. A fare lezione vennero anche il poeta Guglielmo Petroni e Vittorio Veltroni, dirigente della Rai, il padre di Walter. Un intervento lo fece pure Ignazio Silone ma non mi colpì affatto, non ricordo nemmeno quale fosse il tema. Sembrava un estraneo. La dico così come la sento: Silone aveva un mandato dei servizi americani per costituire un «suo» gruppo antifascista, tanto è vero che dopo un po' se ne andò dal Mcc per passare con l'Associazione italiana per la libertà della cultura.

Un altro giorno Cecrope ci divise in due squadre e ci mandò a fare ricerca sociale sul campo, cosa che negli anni Cinquanta non era rara ma addirittura inimmaginabile. Il mio gruppo fu mandato alla stazione di Sermoneta sulla linea Velletri-Terracina, dove il traffico era povero come l'incasso dei biglietti. Ma facemmo tante interviste e fummo presi da una grande curiosità di capire e conoscere un mondo (quello dei contadini e degli artigiani) che non conoscevamo, anzi: che non avevamo mai pensato esistesse.

Potrei andare avanti a raccontare altri episodi ancora. Ma, al di là delle singole lezioni e delle varie esperienze, a contare sono le scelte che erano dietro il corso di Sermoneta. Undici regole che sono alla base di ogni forma di educazione civica e di civismo.

1. Il seminario era residenziale, si doveva rompere con l'usuale, con la vita di tutti i giorni per cominciare cose anche radicalmente nuove.
2. Il seminario era misto: il rapporto fra uomini e donne non doveva essere né di assalto desiderante né di irenico rispetto. Ma di semplice e razionale convivenza.
3. Erano stati formati quattro gruppi di responsabilità (cucina, pulizia ecc.) perché ciascuno di noi doveva sentirsi parte di un segmento importante della vita collettiva.

4. Le regole sulla discussione collettiva erano una vera e propria scuola di democrazia.
5. La scelta di sciogliere voce e gesto nel canto e nella danza corale era basata sull'intuizione che i comportamenti sociali sono sempre condizionati da chiusure psichiche che spesso sono diventate quasi fisiche.
6. La volontà di rompere le rigidità più sottili e interiori non mirava a creare tanti piccoli seguaci di Freud ma a rendere la mente dei giovani più libera dai piccoli complessi.
7. I temi civici non erano affrontati con un approccio istituzionale, come poteva essere ad esempio la lettura della Costituzione, ma attraverso una lettura trasversale. Magari su un tema «caldo» come la patria.
8. La ricerca sociale veniva fatta sul campo, per portare i giovani fuori dalla vita abituale, nei luoghi in cui vive la gente.
9. La cultura era proposta non in termini istituzionalizzati ma nella concreta conoscenza dei protagonisti reali della vita culturale: il poeta, il critico cinematografico, il militante politico.
10. C'era l'obbligo (sì, l'obbligo) di superare il rifiuto della musica classica. Noi seguivamo sul-

lo spartito il *Quartetto n. 6 opera 18* di Ludwig van Beethoven.

11. Il tutto era indirizzato verso la formazione di un gruppo che potesse fare qualcosa di concreto.

Per capire meglio lo spirito di queste regole e la visione del mondo che c'era dietro, è utile ricordare le varie anime che convivevano nel Movimento di collaborazione civica.

L'atto costitutivo venne firmato da un gruppo di persone messe insieme da Leopoldo Piccardi, già presidente del Consiglio di Stato, poi ministro del governo Badoglio, uomo di grande o presunta potenza massonica. Su tredici fondatori ben otto erano donne e già questo fa capire quanto fossero avanti rispetto ai tempi. Erano tutte persone di cultura alta ma con un'estrazione variegata. Oltre alla principessa Margherita Caetani, la proprietaria del castello di Sermoneta, c'era ad esempio il cattocomunista Franco Rodano, ascoltato consigliere di Palmiro Togliatti, Maria Luisa Valier Paronetto, moglie del mitico Sergio, che in seguito sarebbe stata a lungo direttrice dell'Unesco a Roma, Guido Gonella, che già allora stava scrivendo il programma politico della Dc. E ancora intellettuali molto laici come Ada Gobetti, Giulio Macchi ed

Ebe Flamini, da sempre convinta del ruolo decisivo dell'educazione per stimolare la partecipazione alla vita democratica. Proprio Ebe sarebbe diventata per me una figura esemplare di donna adulta anche se in seguito lasciò il Movimento per andare con Silone nell'Associazione italiana per la libertà della cultura; e poi ancora divenne compagna di Giorgio Manganelli fino alla morte, ed è lei che ha ispirato le scandalose *Lettere a Ebe*, che a me hanno dato un po' fastidio.

La composizione del Movimento e lo spirito dei loro corsi fanno capire come si trattasse di un'operazione para-azionista, se vogliamo usare termini italiani. Di un'operazione oligarchica, se invece vogliamo usare termini anglosassoni. Ma qui bisogna intendersi. Oggi, se dici oligarca, pensi subito ai russi che si erano comprati mezzo campionato inglese di calcio e che adesso hanno lo yacht «congelato» in Europa per le sanzioni dopo l'attacco all'Ucraina. Ma invece l'oligarca può avere un ruolo positivo, anzi fondamentale in una società disordinata e frammentata come quella moderna. L'oligarca ha un tessuto di potere che non dipende da un mandato verticale che cala dall'alto: quello è il gerarca, il cui potere finisce quando cade il suo dante causa. Il potere dell'oligarca sta nella capacità di tessere rapporti in linea orizzontale con quelle cento-duecento persone che in un sistema complesso possono sì regolare singole materie ma hanno sempre il bisogno di confrontarsi con gli altri. È uno schema con una lunga storia alle spalle e che ancora oggi ha la sua validità. A questo punto, però, dobbiamo uscire dal castello di Sermoneta e allargare lo sguardo verso ciò che stava succedendo in quegli anni nel nostro Paese e nel resto del mondo.

* * *

Negli ultimi tempi della guerra, quando la vittoria sembrava ormai solo questione di mesi, gli americani e i britannici si chiedevano con una certa preoccupazione che cosa avrebbero dovuto fare del nostro Paese. Troveremo tutti ancora fascisti, dicevano, frustrati dalla sconfitta, scoraggiati, senza fiducia nel futuro. Come ricostruiremo il Paese? La relativa strategia fu doppia.

Da una parte decisero di defascistizzare la cultura italiana, creando un gruppo di intellettuali e scrittori di stampo liberaldemocratico. Dall'altra si proposero di formare i giovani italiani alla democrazia e alla partecipazione sociale, per far crescere una nuova classe dirigente media, che potesse essere la vera e propria spina dorsale della nuova Italia. Sermoneta, naturalmente, faceva parte di questo secondo filone. Non si occuparono di cinema, per quello c'era Hollywood oppure il nostro neorealismo. Non si occuparono di teatro, non si occuparono di niente se non di queste due cose. Il tutto per «recuperare» anche l'Italia alla causa delle democrazie occidentali. Non dimentichiamo che nello stesso anno in cui io varcai per la prima volta la soglia del castello di Sermoneta, il 1951, veniva firmato il Trattato che creava la Ceca, la Comunità europea del carbone e dell'acciaio, primo passo verso l'integrazione del Vecchio continente. E la nuova Italia doveva cominciare a camminare sulle proprie gambe, visto che proprio l'anno successivo sarebbe finito il piano Marshall, che non venne prorogato perché nel frattempo era cominciata la guerra di Corea e negli Stati Uniti i repubblicani avevano vinto le elezioni per il Congresso.

Ancora oggi qualcuno si chiede se dietro i corsi di Sermoneta ci fossero i servizi americani o britannici. Non so dire e, anche se fosse vero, allora non me ne resi conto. Ma, per quello che ho ricostruito ex post, probabilmente una qualche forma di appoggio c'era, come viene segnalato da due fatti. Il primo, forse una leggenda, è che il castello di Sermoneta pare fosse stato per anni la sede dei servizi segreti britannici. Il secondo è il caso Moro e qui dobbiamo fare una breve digressione.

Nei giorni in cui il presidente della Dc era tenuto in ostaggio – quando si cominciò a capire che la Chiesa, gli investigatori e la P2 non avrebbero concluso un bel niente – arrivarono due mediatori: uno inviato dai servizi britannici, Hubert Howard, che aveva sposato Lelia, figlia della principessa Caetani; l'altro un presunto dirigente del Kgb sovietico, il direttore d'orchestra Igor Markevitch, che aveva sposato la duchessa Topazia Caetani, sempre della famiglia. Basta leggere i libri che Giovanni Fasanella ha scritto sul caso Moro per capire le loro trame per salvare il presidente della Dc. E che alla fine tutto sarebbe fallito, perché l'ultimo gruppetto di Brigate rosse che aveva in consegna l'ostaggio non avrebbe rispettato i termini della trattativa.

Mentre sulla possibile appartenenza di Lord Howard ai servizi metterei la mano sul fuoco, su Markevitch no. Non mi è mai sembrato appartenere a quel mondo. Era un artista e anche un po' svagato. Certo, la sua carriera di direttore a un certo punto crollò, perché era diventato sordo e questa cosa lo aveva incupito, fatto deragliare da se stesso. Ma non credo che quella crisi lo avesse avvicinato a un mondo così distante dal suo come quello dell'intelligence.

In ogni caso ciò che mi ha sempre colpito di quella storia è che Moro venne lasciato proprio davanti all'ingresso del Centro studi italo-americani, a cui la principessa Margherita era così affezionata. E che fosse uno sfregio a lei, ai Caetani e ai nordamericani non me lo sono mai levato dalla mente. Una cosa più da fascisti che da brigatisti. Ma l'intera vicenda lascia pensare che qualche rapporto con i servizi la principessa lo avesse.

Lei fece comunque la sua parte con i mezzi che aveva: per formare i giovani alla democrazia, «prestò» il castello di Sermoneta al Movimento di collaborazione civica. Mentre per defascistizzare la cultura, mise a disposizione Palazzo Caetani a Roma che divenne una sorta di cenacolo culturale per accompagnare la pubblicazione di «Botteghe Oscure», una delle riviste più interessanti e socialmente significative di quel periodo. Scorrendone gli indici si vede che, mentre gli ex fascisti erano esclusi, venivano immesse nel circuito della cultura italiana figure nuove come Alberto Arbasino, Giorgio Bassani, Marco Pannella.

Qualcuno ha ipotizzato un ruolo dell'intelligence anche a proposito del Movimento di collaborazione civica. A pensarci bene sono due le persone che forse potevano essere legate a quel mondo. Una era Giuliana Benzoni. Aveva già fatto l'agente segreto durante la Resistenza e aveva proprio il gusto, la voglia di fare la spiona. Ma questa sua passione era talmente evidente che ne ridevamo tutti. L'altra invece era Ebe Flamini. Non a caso dopo il distacco dall'Mcc era andata con Silone a lavorare per la Cia, perché quella era la sostanza dell'Associazione italiana per la libertà della cultura. E alla fine venne salvata da Giorgio Manganelli che la esaltò come donna sensuale.

Cecrope Barilli, invece, con i servizi non c'entrava nulla. Ne sono sicuro, anche tenendo conto del fatto che aveva preso servizio al ministero dell'Interno in un giorno fatidico, l'8 settembre del 1943. E che, tra un comando e un distacco, andò in pensione senza aver mai timbrato il cartellino nemmeno per un giorno al Fondo di culto, l'ufficio al quale era stato assegnato. Circostanze che potrebbero far venire qualche sospetto. Ma era troppo indolente per fare l'agente segreto, troppo autoriferito. Veniva da una delle due grandi famiglie di Parma, i Barilli, l'altra erano i Bertolucci. Proprio

Bernardo Bertolucci gli fece interpretare se stesso nel film *Prima della rivoluzione* e lo ricordava come un «portatore di un'ostinata ricerca del ben pensare e del ben fare». Nella sua famiglia c'erano pittori, registi, c'era troppo orgoglio di casta per mettersi a fare lo spione. E poi gli piacevano molto le donne, preferiva perdersi in altre occupazioni.

Al di là della questione dei servizi, va ricordato che dai corsi di Sermoneta passarono tante persone importanti per la storia successiva del Paese. Non dei veri e propri leader, perché non era quello l'obiettivo. Ma funzionari defascistizzati che saranno decisivi per la costruzione della nuova Italia. Penso a Mario Lupo, grande manager Montedison; Gianni Pinto, amministratore delegato di Italcable; Alberto Benzoni, che ancora oggi fa parte del mondo socialista di un certo livello. Allo stesso Tullio Savi, a lungo dirigente della Olivetti; oppure a Enzo Pinchera, capo dell'archivio storico dell'Iri. Insomma, quella classe dirigente la cui mancanza ancora oggi è il mio pallino. Oggi l'Italia non ha oligarchia: non c'è oligarchia nel sindacato, nel governo, nello Stato. Cioè manca proprio quella fascia medio-alta che, per molti versi, era stata costruita o dalla grande industria o dalla burocrazia romana. Oggi non c'è più nessuna delle due cose e se ne vedono le conseguenze; mentre tutti dimenticano che è proprio l'Italia moderna nel suo complesso a essere nata grazie a un'operazione oligarchica.

La prima grande oligarchia nasce durante il fascismo con Alberto Beneduce. Lui non era un uomo del regime, anche se pare si desse del tu con Mussolini. Ma organizzava gruppi di lavoro, ricerche collettive, fece della Banca commerciale un posto strategico, anche se era piena di antifascisti. Essenzialmente metteva le persone in connessione fra loro. A lui erano legati quelli che hanno poi rifatto l'Italia dopo il 1945: Sergio Paronetto, Donato Menichella, Pasquale Saraceno, Raffaele Mattioli, Guido Carli. Da lì nascono la nuova Banca d'Italia, l'Iri, un po' anche l'Eni. Beneduce è stato forse il primo degli oligarchi italiani. Mussolini gli preferì i gerarchetti, cioè quelli che obbedivano al capo senza discutere e senza una rete orizzontale di rapporti. E non a caso gli andò male.

Verso la fine della Seconda guerra mondiale c'è poi il ruolo di due missioni diversamente oligarchiche. Una era monopersonale, cioè composta dal solo cardinal Giovanni Battista Montini, il futuro Paolo VI, allora prosegretario di Stato. Andò in America per quindici giorni, non si sa dove sia stato, non si sa con chi abbia parlato. A chi chiedeva cosa fosse andato a fare, i suoi familiari rispondevano che era partito «per fare una vacanza». Poco credibile. Ma tutto quello che successe dopo in Italia, con la scelta atlantica, l'accettazione dell'americanismo, il piano Marshall, l'adesione alla Nato fino allo stretto rapporto fra lo stesso Montini e Alcide De Gasperi, dà l'idea di quanto quel viaggio sia stato importante.

L'altra delegazione era invece pubblica e stravagante. Ne facevano parte Enrico Cuccia, che allora era nell'ufficio studi della Banca commerciale italiana e aveva sposato Idea Nuova Socialista, la figlia di Alberto Beneduce; Mario Morelli, allora capo della Assonime, l'Associazione delle società per azioni; Raffaele Mattioli, il banchiere che fu anche economista e mecenate; e Quinto Quintieri, ministro delle Finanze del governo Badoglio. Sono questi quattro a stringere tutti gli accordi con gli americani che segneranno la storia italiana del dopoguerra. Nei diari dell'ambasciatore Egidio Ortona, il segretario della delegazione, si racconta che alla fine dei colloqui gli americani (o meglio, l'entourage massonico di Roosevelt) dissero a Mattioli: «Guardi, lei è quello che ci ha convinto di più. Ci fidiamo di lei, sarà il nostro tramite».

Tant'è vero che, il giorno dell'attentato a Togliatti nel 1948, tra i primi ad arrivare in clinica fu lo stesso Mattioli che si adoperò per calmare gli animi dei comunisti: «State buoni! Non fate casini, niente rivoluzione». Nemmeno Stalin sarebbe riuscito a fare tanto. Mattioli, però, conosceva i patti, era consapevole della loro importanza, aveva il carisma di chi sa. Poi lui nella sua vita ha fatto tantissime cose, ha pubblicato libri bellissimi, ha salvato i *Quaderni dal carcere* di Gramsci, si era innamorato di Piero Sraffa (ma era stato anche a Fiume con Gabriele D'Annunzio). Fu e resta la persona più misteriosa di questa cultura oligarchica che dal fascismo, attraverso Alberto Beneduce, trasferisce l'oligarchia alla Democrazia cristiana.

Ci si può chiedere se l'operazione oligarchica fosse in quel momento l'unico modo per far rinascere l'Italia. Difficile rispondere ma di sicuro c'era consapevolezza della questione. Lo stesso Mattioli diceva: «Guardate che il problema dell'Italia è fare una nuova classe dirigente». Proprio per questo lui stava già provando a costruirla. E da allora in poi tutti quelli che hanno governato l'Italia nel dopoguerra, da Cesare Merzagora a Ugo La Malfa, hanno girato in quel mondo lì. È stato poi Bettino Craxi a sparigliare, provando a chiudere quell'epoca. Lui voleva garantirsi il rapporto diretto con gli Stati Uniti, non voleva più passare per La Malfa, nel suo caso La Malfa figlio. Ma gli andò male, perché probabilmente i patti del '45 non prevedevano questo cambio di programma e la crisi di Sigonella rientra in questo fallimento.

Da allora sono cambiate tante cose ma ancora oggi il meccanismo di base resta lo stesso. Quando Donald Trump ha intronizzato Conte chiamandolo Giuseppi, sembrava che stesse dicendo solo una stupidaggine. E invece quel Giuseppi dava il senso di come gli Stati Uniti abbiano bisogno di un rapporto diretto con i Paesi alleati. Forse della scelta di Giuseppi si sono poi pentiti. Di quella fatta nel '45 sicuramente no.

2
Gli anni alla Svimez, sociologi prima della sociologia

Era il 1955, avevo da poco finito l'università. Il mondo cominciava a preoccuparsi per una guerra scoppiata in un Paese remoto, il Vietnam, mentre l'Italia si appassionava a un quiz televisivo condotto da un signore con l'accento strano, *Lascia o raddoppia?* di Mike Bongiorno. Un giorno incontrai uno dei miei amici del gruppo di Sermoneta, Enzo Pinchera. «Sai,» mi disse «mi hanno assunto all'Iri», l'Istituto per la ricostruzione industriale. Lo avevano preso all'archivio storico, una cosettina marginale anche se anni dopo sarebbe diventato capo del personale. Gli chiesi come avesse fatto. «All'Iri» rispose Enzo «comanda Pasquale Saraceno. La migliore amica di Saraceno è Giuliana Benzoni che lo ospita a casa sua a Meta di Sorrento», e che io avevo conosciuto proprio a Sermoneta perché faceva parte del Movimento di collaborazione civica. «Allora» disse ancora Enzo «ho chiesto a Giuliana, Giuliana mi ha segnalato a Saraceno e Saraceno mi ha assunto.»

Sembrava semplice e allora decisi di fare la stessa cosa, andai da Giuliana e le chiesi aiuto: «Se non trovo subito un lavoro, finisco veramente a fare l'esattore dell'Aci» drammatizzai un po'. «Eppure, come movimento, su di me avete investito...» Lei mi rassicurò e mi disse che ne avrebbe parlato «con Pasquale». In quel momento Saraceno era una specie di divinità. Aveva lavorato al Codice di Camaldoli, che avrebbe poi ispirato il programma economico della Democrazia cristiana. Era uno dei più determinati sostenitori dell'intervento dello Stato nell'economia, convinto che le aziende pubbliche dovessero integrare e anche sostituire quelle private per correggere gli squilibri sociali e territoriali. E infine, da buon valtellinese con padre siciliano e madre campana, oltre a essere un fervente sostenitore della Cassa per il Mezzogiorno, aveva fondato qualche anno prima la Svimez, l'Associazione per lo sviluppo dell'industria nel Mezzogiorno.

Aspettai invano una sua chiamata ma dopo qualche tempo mi cercò un certo Giorgio Ceriani

Sebregondi: «Il professor Saraceno mi ha chiesto di vederla». Il mio viaggio pubblico comincia in quel momento. All'epoca non lo conoscevo ma avrei scoperto presto che Sebregondi era un uomo straordinario. Il suo slogan era «cultura è realtà», proprio perché allora l'intellettuale non stava dentro la realtà: era uno che leggeva libri, magari li scriveva ma viveva fuori dal mondo. Sebregondi, invece, la realtà l'aveva vista eccome: era stato ufficiale durante la guerra, dirigente della Sinistra cristiana durante la Resistenza, poi aveva lavorato per la casa editrice Einaudi ed era stato segretario generale dell'Ansaldo di Genova. Aveva appena fondato la sezione sociologica della Svimez e cominciato a partecipare per conto del ministero degli Esteri alle trattative per la costituzione della Comunità economica europea.

Mi fece tre interviste nella sede della Svimez, a Roma, in via Paisiello. E, più che dal mio curriculum di studi che non era niente di che, rimase incuriosito da quello che avevo fatto a Sermoneta e dalle esperienze che ne erano poi nate. Questo è un passaggio importante. Tutti quelli che avevano partecipato al corso, me compreso, avevano una voglia matta di restare insieme. Quasi ogni giorno ci vedevamo nella sede del Movimento, che all'epoca era in via dei Delfini, al ghetto. Cantavamo, scherzavamo, ragionavamo di varie cose. Ma Cecrope Barilli, la nostra guida, era convinto che bisognasse lasciare un segno concreto. Così cominciammo a fare due cose.

La prima era andare a pulire la stazione di Roma nord, in piazzale Flaminio, per «sollecitare una responsabilizzazione collettiva di un'opera collettiva» come diceva Cecrope. La seconda era frequentare il Centro sociale di Donna Olimpia, allora remota periferia di Roma, dove si facevano incontri di vario tipo. Io fui mandato a spiegare l'organizzazione per rioni della città agli abitanti della borgata. E devo dire che quelli erano interessati, avevano tanta voglia di capire, chiedevano, si confrontavano. Da questo punto di vista il dopoguerra è stato un periodo straordinario, oggi una cosa del genere sarebbe impensabile.

Quello del volontariato, che allora non si chiamava ancora così, era un mondo che Sebregondi non conosceva. Lui viveva in simbiosi con Felice Balbo, Franco Rodano, Claudio Napoleoni, Gianni Baget Bozzo, Ubaldo Scassellati, Adriano Ossicini, cioè con i vecchi cattocomunisti da cui indirettamente discendiamo per li rami. E forse fu proprio questa diversità a essere determinante. Al terzo incontro, era il novembre del 1955, mi disse: «Vada dal professor Molinari che è il nostro direttore, le farà un'offerta di lavoro per la nostra sezione sociologica». Assunto, lo stipendio era di cinquantacinquemila lire al mese. Io ero contentissimo, a casa mia invece no. Da quel giorno e fino alla morte, Sebregondi è stato sempre chiamato «Sebregoni». Gli storpiavano il nome e in parte c'era da capirli. Era l'uomo che mi strappava all'impiego pubblico, al posto da esattore dell'Aci, alla banca, al mio mondo piccolo borghese; un conte fra l'altro di antica nobiltà lombarda, un altro pianeta per noi De Rita poveri e marginali ciociari.

Qualche tempo dopo gli chiesi perché avesse scelto proprio me. «Perché la gente va presa quando ha bisogno di lavorare, non quando lavora per sfizio, e lei aveva più fame» mi rispose. Sul momento non capii. Non mi sentivo un aggressivo, uno che sgomitava. Dopo un'università scombicchierata, qualche bruciatura agli esami, in banca sì in banca no, potenziale esattore all'Aci, non ero certo una persona «intenzionale», che avesse ben chiaro l'obiettivo che voleva raggiungere e si comportava di conseguenza con metodo e costanza. Forse lui aveva scoperto in me cose che non sapevo di avere.

Fatto sta che il primo giorno di lavoro, era il dicembre del 1955, mi prese da parte e mi disse: «Qui da noi, nei testi che prepariamo e nelle riunioni alle quali parteciperà, sentirà parlare soltanto di economia, di termini economici, di dati economici. Noi, come sezione sociologica, dobbiamo impegnarci per far circolare anche dati e valutazioni di sociale. Se riusciamo a far passare che c'è anche il sociale, dobbiamo fare il secondo passo: far capire che il sociale ha la stessa importanza dell'economico. Se riusciamo a fare anche questo, non sarebbe inutile pensare a una relazione annuale sul sociale», come quella più importante, che allora non era della Banca d'Italia ma del ministero del Tesoro. «Se poi riusciamo a fare anche questo» mi diceva ancora Sebrégondi che, come si usava all'epoca, motivava disegnando grandi scenari «dovremmo arrivare ad avere anche per il sociale un ente pubblico tipo l'Isco, l'Istituto nazionale per lo studio della congiuntura. Come ultimo passo, infine, dovremmo pensare a un ministero degli Affari sociali.»

Era il manifesto di Sebregondi, tra i primi a capire che lo sviluppo doveva essere un processo equilibrato, organico, in cui era necessaria una dimensione sociale, giuridica e culturale. Investire nel sociale, secondo lui, non era soltanto giusto per combattere diseguaglianze e iniquità. Ma anche conveniente perché determinava le condizioni essenziali per uno sviluppo non effimero. Una visione «scardinante» rispetto alle idee di allora, tutte concentrate sulla crescita economica pura. E su quelle tabelle piene di numeri che erano tutto per Saraceno, che restava pur sempre un allievo di Gino Zappa, grande professore di ragioneria.

Solo negli anni successivi la visione di Sebregondi sarebbe diventata dominante e condivisa. Basti dire che in quel 1955, in Italia, la sociologia non esisteva e che la prima cattedra universitaria sarebbe arrivata soltanto nel 1961. Anche se, dopo il mio ingresso in Svimez, Sebregondi aveva già messo insieme qualche ricerchina con Ubaldo Scassellati e Agostino Paci, che poi sarebbero diventati rispettivamente direttore alla Fondazione Agnelli e presidente di Intersind. E io sono convinto che proprio dalla ricerca di Scassellati e Paci su Labaro, e da quella di Alessandro Pizzorno su Rescaldina, è nato il flusso della ricerca sociologica italiana. Un processo avvenuto sul campo e non sui libri perché, per Sebregondi, l'attenzione sociologica era un farsi curioso della realtà nella sua quotidiana concretezza. Come dirà più avanti

Fernand Braudel, «lo sviluppo è il sociale che diventa storia».

Il mio primo incarico alla Svimez, però, fu ben lontano da tutto questo: un commento alle statistiche sugli incidenti stradali. Probabilmente si trattava di una specie di prova di ingresso, un modo per misurare la mia dedizione. Ma andò bene e in realtà fu anche importante perché mi mise in contatto con Adolfo Beria di Argentine – il magistrato che aveva creato il Cnpds, il Centro nazionale di prevenzione e difesa sociale – che negli anni successivi sarebbe diventato per me una persona fondamentale.

Qualche giorno dopo mi chiamò direttamente Saraceno e mi chiese se volevo occuparmi del piano Vanoni, presentato dal governo tre anni prima per sostenere lo sviluppo economico del Paese. «Non c'ero quando l'avete scritto» risposi un po' timido. Ma lui insisteva: «Dobbiamo fare un accordo con il governo per l'attuazione del piano. E a lei daremmo l'incarico di capire come può essere messo in pratica in termini di modifica degli orari di lavoro». Era un compito interessante, accettai e nel giro di qualche giorno mi diedero un lungo elenco di persone da intervistare. Ne vidi tantissime.

Chi mi trattò meglio di tutti fu Franco Mattei, allora potente direttore generale della Confindustria, una figura quasi mitica. Gentilissimo, mi ricevette insieme a Mario Morelli, presidente di Assonime, uno dei quattro componenti della già citata delegazione partita per gli Stati Uniti verso la fine della guerra. Mi sentivo importante, mi sembrava di essere entrato nel giro. Ma il giorno dopo il «24 Ore» uscì con un lungo articolo dal titolo *Un Saraceno qualsiasi*. Una stroncatura senza pietà non tanto del povero De Rita ma dell'idea stessa del piano. Occhio a chi ti fa tante cerimonie, insomma: una lezione che non ho mai dimenticato. Devo dire, però, che con Mattei sono poi rimasto in ottimi rapporti. Quando anni dopo fondai il Censis fu proprio lui, ancora direttore generale, a dirmi che Confindustria avrebbe partecipato al progetto. La prova che un Saraceno qualsiasi poteva entrare in una rete oligarchica.

In quei primi anni di lavoro alla Svimez, per me era tutto nuovo, ogni giorno imparavo qualcosa. C'era anche un bel clima tra i colleghi. Nella mia stanza eravamo in tre: io, Loris Cattani, che si occupava di politica europea, e Celestino Segni, il figlio del presidente Antonio. Celestino, però, aveva vinto una borsa di studio per andare in America a studiare economia e matematica e, parole di Sebregondi, «non aveva la testa per fare il sociale». Da giovane entusiasta, io avevo voglia di competere, quindi forse un po' di fame ce l'avevo davvero: in ufficio dovevo entrare alle 9 ma arrivavo sempre alle 8 e 20. E trovavo Celestino addormentato sul tavolo. Gli era appena nato il suo primo figlio, Antonio, che stava sveglio tutta la notte. Lui arrivava prestissimo in ufficio e ne approfittava per dormire. È stato uno dei miei amici più cari.

Piano piano il mio ruolo dentro la Svimez stava crescendo ma poi arrivò il 1958, l'anno in cui cambiò tutto. Io andai in Belucistan, per un progetto di sviluppo nell'Iran dello Scià; Sebregondi in Somalia, per l'attuazione di un accordo con l'autorità postcoloniale. Quella in Belucistan fu un'esperienza che mi fece maturare molto. Mi pagavano bene, 900 dollari al mese: quando tornai in Italia comprai casa e l'anno dopo mi sposai. Anche se un po' invidiavo gli altri componenti della missione, più grandi di me, che di dollari ne prendevano 1500. Ma soprattutto era la prima volta che andavo all'estero e l'Iran dello Scià era un Paese remoto, bellissimo, molto interessante: teso alla modernizzazione, con una élite che parlava bene inglese, molto più avanzato di mezza Europa dal punto di vista della tecnologia e dell'organizzazione.

Anche loro avevano un piano di sviluppo con un ufficio, il Plan Organization, guidato da un iraniano che si era laureato ad Harvard. Avevano deciso di sviluppare la zona del «loro» Belucistan che confinava con il Belucistan pakistano e con l'Afghanistan. A chi far realizzare questo piano? Per ragioni che non conosco, si fidarono di Aurelio Peccei, un lobbista che trovava soldi dappertutto, divenne poi amministratore delegato della Olivetti e fondò il Club di Roma. Allora, sostanzialmente, vendeva veicoli Fiat alle polizie dell'America Latina. In qualche modo, tramite lui, gli iraniani arrivarono poi a Sebregondi e Francesco Curato, capo delle bonifiche della Cassa per il Mezzogiorno. E alla fine fu firmato un contratto per la pianificazione dello sviluppo del Belucistan persiano.

Partimmo e restammo lì per tre mesi. Furono organizzate due squadre. Una a carico di Curato, con un idrologo, un ingegnere idraulico e un geografo sotto la responsabilità di Giulio Leone, che poi è diventato direttore generale della Cassa. L'altra socio-economica a carico di Sebregondi, composta da Rocco Mazzarone, medico, da Gilberto Marselli – un economista agrario che era stato allievo di

Manlio Rossi-Doria, tra i componenti del gruppo di Portici –, Carlo Castaldi, un antropologo che veniva addirittura da Harvard, un ingegnere di strade e me. Non fu facile, specie all'inizio. Quando arrivammo nel porticciolo deserto di Bandar Abbas, c'erano 50 gradi, non si respirava. Mazzarone si cucinava le uova sul cofano della macchina, come nei film. Però capimmo subito che in quell'area le potenzialità c'erano tutte e bisognava fare un grande investimento. Lo scrivemmo nella relazione finale che preparai io, nonostante fossi il più giovane e il meno pagato. E oggi Bandar Abbas è il porto principale del Golfo Persico.

Nonostante le condizioni ambientali non proprio semplici, in quei tre mesi trovavamo anche il modo di riflettere sul senso profondo di quello che stavamo facendo. Tutte le sere ci chiedevamo: «Ma è lo sviluppo che fa le strade o sono le strade che fanno lo sviluppo?». Forse perché in Italia proprio in quell'anno, il 1958, veniva inaugurato il primo tratto dell'Autostrada del Sole, tra Milano e Parma. Noi lì progettavamo strade, reti di irrigazione, ma nessuno poteva pensare che avrebbero creato sviluppo così velocemente. Venivamo dal mondo della Svimez, rimasta prigioniera del suo marchio iniziale e quindi da sempre profondamente convinta che lo sviluppo significasse solo e soltanto industria. In Belucistan, invece, furono proprio le strade a fare lo sviluppo, anche perché quella zona partiva da una condizione di miseria incredibile.

Ogni giorno vedevamo qualcuno morire per strada, il nostro medico dedicava buona parte della giornata a curare la popolazione locale da una malattia degli occhi che la rendeva rapidamente cieca. Era fondamentale non lasciarsi andare. Ricordo ancora il nostro capospedizione, un ingegnere fiorentino, Guadagni. Un conte con casa Oltrarno, di cultura inglese, con doppio passaporto, l'unico che aveva già fatto il deserto. Era di un altro livello rispetto a tutti noi. La prima sera mi presentai nella nostra mensa – due tavole sopra le taniche della benzina – in pantaloncini, senza neanche la camicia. Lui mi mandò via urlando: «Non vi rendete conto che se fate così fra tre giorni sarete completamente abbrutiti? Dovete venire puliti, con la doccia fatta, perfettamente vestiti. Altrimenti non vi accetto al tavolo». Aveva ragione. In quei tre mesi lui non toccò nemmeno un dito di alcol ma poi avremmo capito che nella vita «normale» si sbronzava tutte le sere.

Quando tornammo a Roma ci invitò tutti a cena a spese sue da George's in via Marche, che poi è diventato il ristorante dove la mia famiglia ha festeggiato tutti i compleanni e gli anniversari. E lì bevemmo tutti, brindando alle rigide regole che giustamente ci aveva imposto e che ci avevano salvato.

La missione in Belucistan certificò il fatto che io fossi diventato l'uomo di fiducia di Sebregondi. Per me alla Svimez si stavano aprendo scenari interessanti. Ma tutto saltò per aria con la sua morte improvvisa. Se ne andò in tre giorni per una poliomielite presa durante la sua missione in Somalia. Me lo dissero quando arrivai a Ciampino di rientro proprio dal Belucistan, erano le tre di notte. In quel momento sono rimasto orfano. Tant'è che quando ho compiuto novant'anni ho voluto far dire una messa a Santa Prisca, la chiesa frequentata da Sebregondi: mi risuonava ancora in testa il vocione di tromba di padre David Maria Turoldo che aveva celebrato il suo funerale.

Qualche giorno dopo il mio rientro dal Belucistan e la morte di Sebregondi, Saraceno mi fece chiamare nella sua stanza e mi disse: «Senta, Sebregondi aveva carta bianca sulle questioni della sezione sociologica. Lei ha carta bianca come lui». Da quel giorno mi richiamò solo il giorno in cui mi licenziò. Una libertà totale che naturalmente utilizzai per fare le cose che mi interessavano di più. In quel momento nella sezione sociologica eravamo solo in due, io e Salvatore Cafiero. Ma piano piano cominciammo ad allargarci, come lavoro e come organico. La prima cosa la facemmo per il ministero dell'Istruzione: uno studio di previsione sul fabbisogno del personale al 1975. Per certi versi un tributo alla memoria di Sebregondi, da sempre convinto che il vero problema dello sviluppo italiano negli anni Sessanta e Settanta sarebbe stato legato alla qualità dell'insegnamento, specie nel Mezzogiorno.

Quel lavoro suscitò l'attenzione dell'Ocse, l'organizzazione internazionale che aveva discusso e validato il piano Vanoni. Con alcuni funzionari era rimasto un rapporto di cordialità e confidenza. Probabilmente si erano stufati di controllare piani fatti dagli altri, e quindi si erano inventati un progetto di crescita dello sviluppo delle aree costiere. Si chiamava Regione Mediterranea. Uno dei funzionari con cui eravamo rimasti in contatto – Ron Gass, un ex pilota della Raf che aveva fatto la battaglia d'Inghilterra – ci disse: «Ma perché non venite a farlo con noi?». E ci fecero un bel contratto di due anni, che tra l'altro ci portammo dietro quando fondammo il Censis.

A quel punto arrivò l'interesse della Cassa per il Mezzogiorno, che chiese formalmente alla Svimez di occuparsi di aree interne. E quindi cominciammo a fare un po' di giri sul campo in tutto il Mezzogiorno. L'obiettivo non era fare un piano di sviluppo ma capire cosa succedeva in quelle zone di cui si sapeva poco. La mia prima ricerca fu a Guardiagrele, in Abruzzo, la seconda ad Acri, in Calabria. Partivamo in gruppo: io, due collaboratori che si stavano specializzando nella ricerca sul campo, e poi Gilberto Marselli, l'economista agrario che era stato con me in Belucistan.

Il viaggio ad Acri fu una lezione per tutti, ma soprattutto per me. Arrivati sul posto, ci dividemmo i compiti: Marselli girava per le campagne, studiava gli appezzamenti, parlava con i contadini; i miei due collaboratori andarono a fare le interviste in comune. Io invece andai dal parroco, allora era il mio pallino, che subito mi disse: «Ma perché lei vuole rifare la storia di Acri? La storia di Acri è già scritta. Ecco, gliela regalo». E mi diede un libro scritto da don Vincenzo Padula, uno storico del Mezzogiorno minore. Lui aveva usato un meccanismo che ho sempre ritenuto fallace: era partito dall'etimologia, dal nome Acri. Dentro c'è la radice *acr* che significa fuoco, e quindi quella era secondo lui una zona vulcanica. Quando la sera facemmo la riunione per tirare le fila della giornata, Marselli, l'esperto di agricoltura, disse che gli appezzamenti della zona erano scisti mesozoici. «Ma no, questo è terreno vulcanico» intervenni io.

«Ma come puoi dire una cosa del genere?» ribatté lui.

«Ma lo dice don Vincenzo Padula, guarda qui!», e gli mostrai il libro che mi aveva dato il parroco.

«È una cazzata!» disse Marselli e mi spiegò come stavano davvero le cose.

Ecco, la storia minore del Mezzogiorno è stata fatta da troppi don Vincenzo Padula, che pensano di sapere tutto e invece non sanno nulla. Forse solo Rocco Scotellaro e Carlo Levi si sono allontanati dal folklore locale, dalle tradizioni, per studiare anche qualcosa di diverso: una struttura sociale, una leadership, un'oligarchia, una forma di potere. Era quello che stavamo cercando di fare anche noi.

Di lavori se ne aggiunsero altri ancora e il problema fu proprio quello: la sezione sociologica stava crescendo troppo. E infatti il 15 novembre del 1963 mi arrivò una lettera di Saraceno: «Caro De Rita, la situazione è grave, mancano i finanziamenti delle aziende. Come possiamo dare ulteriori illusioni ai ragazzi che lavorano con lei? A far data dal primo gennaio dell'anno prossimo i loro contratti non saranno rinnovati». Su di me nemmeno una parola ma il messaggio era chiaro.

Io decisi di non opporre resistenza e di andarmene. Il mio vice Salvatore Cafiero – essendo di Meta di Sorrento, amico e figlioccio di Giuliana Benzoni – scelse invece di restare. Ma per lungo tempo non si fece più vedere in ufficio. «Se incontro Saraceno per le scale, quello mi licenzia» diceva. Per carità, i soldi erano un problema reale: giustamente Saraceno non voleva un contributo pubblico, che per la Svimez venne introdotto solo più avanti. Allora i fondi venivano dalle ricche aziende milanesi reclutate da lui e Rodolfo Morandi nel '47 che si fidavano solo di loro due. Forse quel canale non era più sufficiente. Ma la sostanza era un'altra.

Come mi disse anni dopo la figlia Luisa, Saraceno aveva una «concezione mezzadrile» della Svimez. Lui era il signore, noi dipendenti eravamo i mezzadri. La Svimez voleva tenerla in pugno lui e invece io mi ero costruito una certa autonomia con la sezione sociologica che cominciava a crescere. Saraceno non poteva sopportare tutto questo e ci mandò via. Per certi versi fu la svolta della mia vita. Non perdevo il padre, perché l'avevo già perso con la morte di Sebregondi. Non perdevo la casa, perché ormai la mia sezione sociologica aveva un nome. Quello che perdevo era l'appartenenza oligarchica, perché chi lavorava alla Svimez parlava con tutti. Parlava mezz'ora con Paul Rosenstein-Rodan o Vera Lutz. Oppure da ragazzetto di ventisei anni incontrava Franco Mattei, il direttore generale della Confindustria. L'oligarchia vera del Paese. Il contributo statale ne avrebbe poi modificato il retroterra ma non bisogna dimenticare che la grande stagione della Svimez è stata una stagione di oligarchia.

Da questo punto di vista gli ultimi anni della Svimez erano stati per me particolarmente significativi perché mi ero trovato a recitare diverse parti in commedia. Una delle più importanti era proprio la partecipazione in maniera organica a una cultura oligarchica che senza la Svimez non avrei potuto conoscere. In quell'ultimo periodo seguivo Saraceno più da vicino, ero dentro la logica del piano, della programmazione. Nel tempo libero andavo a giocare a tennis con i ragazzi dell'ufficio studi dell'Iri perché lavoravamo sempre insieme. E quello era un gruppo straordinario, con Carlo Marzano e Carlo Livi, solo per fare due nomi. Entrai in contatto anche con l'ufficio studi dell'Eni, che della programmazione divenne presto il cuore, visto che il responsabile Giorgio Ruffolo e i suoi collaboratori si trasferirono al ministero del Bilancio e diventarono i padroni del piano. È in quel periodo e in quella logica che nasce la nota aggiuntiva di La Malfa con noi della Svimez che facevamo tutti i pezzettini mentre La Malfa e Saraceno li mettevano insieme.

Un altro filone di quegli ultimi anni alla Svimez fu il ruolo di responsabile del sociale per il ministro del Mezzogiorno Giulio Pastore. Lì ebbi modo di conoscere Mario Romani, grande mente del gruppo oligarca che ruotava attorno a Pastore, e che poi avrebbe guidato l'ufficio studi della Cisl. Il mio compagno di stanza era Giovanni Marongiu, che si occupava della parte giuridica e che poi sarebbe diventato ministro. Assieme a lui c'erano Vincenzo Scotti, anche lui futuro ministro, e Sergio Zoppi che sarebbe diventato direttore generale del Formez. Tutta gente in gamba. Quello di Pastore è stato l'unico gruppo di meridionalisti in servizio permanente effettivo.

Un terzo ruolo che mi trovai a ricoprire era legato alla dimensione di esperto internazionale che stavo acquisendo dopo la missione in Belucistan e le altre che seguirono, in Egitto e in Grecia. Era una carriera che prometteva bene, con paghe interessanti. Sempre in quel periodo, poi, avevo fatto lo sherpa per Sebregondi, che aveva partecipato al negoziato per la creazione della Comunità economica europea. Tutte le settimane, prima e dopo la firma dei Trattati di Roma, andavo a Bruxelles insieme al mio compagno di stanza Loris Cattani, nipote del capo della delegazione Attilio Cattani, direttore degli Affari economici del ministero degli Esteri, e vero capo di tutta la diplomazia italiana. In quel momento ci fu la concreta possibilità di diventare funzionario europeo. Loris ne approfittò, Sebregondi pure ma morì prima di prendere servizio come direttore. Io avrei potuto, ma in fondo non mi interessava: fare lo sherpa era stato emozionante, lavorare come funzionario mi sembrava troppo banale. Lasciai perdere.

Tutto questo per dire che, prima di fondare il Censis, ero pieno di vagheggiamenti meridionalisti, europeisti o da esperto internazionale. Se fossi rimasto alla Svimez, avrei scelto una di queste tre strade. Sono contento che poi sia andata diversamente, perché al solo pensiero di fare il funzionario europeo adesso mi verrebbe da prendere il muro a testate. Ma tutte queste esperienze non hanno solo ritardato il momento di diventare imprenditore con il Censis, hanno anche reso quel momento più sostanzioso. Se ho fatto i patti territoriali è anche perché trent'anni prima avevo fatto intervento sociale nel Mezzogiorno.

Anche per questo – per i rimpianti che oggi non ho ma che allora un po' bruciavano – quello del licenziamento non fu certo un periodo facile. Paolo Baratta, che venne assunto un anno dopo che ne ero uscito io, mi diceva sempre: «Quando sono entrato in Svimez si sentiva ancora l'odore della polvere da sparo del caso De Rita». Ma tanti anni dopo sono riuscito a pacificarmi con Saraceno. Quando è morto, nel 1991, sono andato ai funerali nella chiesa di San Bellarmino, a Roma. Ero seduto vicino a Veniero Marsan, che era stato il suo vice all'Iri. «Quest'uomo non riesco a perdonarlo, non posso dimenticare il modo in cui venimmo mandati via» gli dissi a un tratto. E lui, che era stato prigioniero in Russia e nella sua vita aveva visto di tutto, mi rispose: «Ma dai, ti pare. Di' la preghiera, prima o poi vedrai che ti passa». Ascoltai il suo consiglio: pregai e feci la comunione. Alla fine della messa io e Vincenzo Scotti eravamo indecisi, un po' in imbarazzo: andiamo oppure no a salutare la vedova, Giuseppina, che poi era la sorella di Ezio Vanoni?

La conoscevo bene perché un po' casa Saraceno l'avevo frequentata. A dire il vero quelle serate in via Fratelli Ruspoli, ai Parioli, mi avevano sempre dato un'idea di tristezza, forse perché loro erano di una generazione precedente, due valtellinesi seri e un po' rigidi. E invece poi avevo scoperto, da Adriano Ossicini, che durante la guerra, a casa Saraceno non solo erano state fatte le riunioni della Resistenza romana, ma era stata custodita anche la più grande collezione di dischi di jazz americano che esisteva in tutta la città. Quel ricordo mi fece tenerezza e mi spinse ad avvicinarmi alla vedova. Scotti le disse: «Signora, noi abbiamo fatto tante cose con il professore».

E lei rispose: «Sì lo so, a mio marito piaceva lavorare con i giovani. Poi certe volte sapeva anche essere cattivo». Mi fece una carezza e aggiunse: «Specialmente con lei».

Mi colpì molto: donna Giuseppina aveva capito che fra me e il marito c'era stato uno screzio pesante e ne attribuiva la responsabilità a lui. Non me l'aspettavo. Qualche tempo dopo organizzammo un grande evento del Censis a Palazzo Taverna: parlavano Cesare Romiti e il cardinale Achille Silvestrini, e a un certo punto vidi arrivare proprio lei, donna Giuseppina, che andò a sedersi in prima fila. Voleva dimostrare che il periodo di crisi era stato superato e che riconosceva in me una testimonianza di sequela del marito. Un momento di pacificazione, ma anche di grande orgoglio.

3
La nascita del Censis, l'impresa di fare impresa

Nei giorni difficili che arrivarono dopo il licenziamento, mi tornava spesso in mente il discorso che Sebregondi mi aveva fatto all'inizio della mia esperienza alla Svimez. Quella vera e propria profezia in cui partiva dalla necessità di affiancare al dibattito economico un dibattito sociale, per arrivare alla pubblicazione di un Rapporto sul sociale che non guardasse solo ai dati economici. Quando alla fine del 1963 – con i miei collaboratori della sezione sociologica che nel frattempo erano diventati quattordici – decidemmo di metterci in proprio non fu soltanto perché avevamo voglia di fare e necessità di guadagnare. Dietro l'idea di creare il Censis, il Centro studi investimenti sociali, c'era proprio il pensiero di Sebregondi, la sua intenzionalità, la sua caratteristica di tendere sempre a qualcosa di concreto. Ma ad accendere la scintilla contribuì anche un altro discorso, quello che in un'osteria sull'Aurelia mi fece Tommaso Morlino, il genero di Pasquale Saraceno visto che ne aveva sposato la figlia, Luisa. All'epoca Morlino era solo presidente dell'Ente Maremma, un oligarca di provincia ma – giurista e moroteo di stretta osservanza – in seguito sarebbe diventato più volte ministro e anche presidente del Senato. Fu lui a consigliarmi di mettere in soffitta i miei otto anni da programmatore: «Se fai una cosa tua, dimenticati Saraceno e tuffati nella realtà. Il futuro non è nella programmazione ma nella fenomenologia, cioè nell'andare incontro, nel capire, nell'interpretare i fenomeni». Fu la svolta della mia vita perché era proprio quello che avrei fatto.

I primi mesi del Censis furono comunque un salto nel vuoto, soprattutto dal punto di vista economico. Per di più in un momento di grandi incertezze e grandi cambiamenti per il mondo intero: il 1963 è l'anno dell'assassinio del presidente degli Stati Uniti, John Fitzgerald Kennedy, della morte di Giovanni XXIII con l'elezione di Paolo VI, dei socialisti che in Italia entrano al governo e anche del disastro del Vajont.

È vero che dalla Svimez avevamo ereditato due

contratti, uno con il Formez e l'altro con l'Ocse. «Tanto noi non sapremmo che farcene, ve li cediamo» ci disse Saraceno con una certa cordiale sufficienza. In tutto erano 32 milioni di lire. «Se si porta anche le segretarie e l'usciere gliene do 35» aggiunse, con l'evidente intenzione di alleggerire il personale Svimez. Accettai, tanto le segretarie e l'usciere li avremmo dovuti assumere comunque. E lui, devo dire generosamente, accettò di anticipare quei soldi che ci consentirono di partire subito. Avevamo calcolato che nel primo anno, il 1964, avremmo spesso 66-67 milioni di lire. Alla fine, stando molto attenti, ne spendemmo 65: una rigidità che poi ci siamo portati appresso negli anni. Ma i contratti ereditati erano sufficienti per coprire solo la metà delle spese.

La cassa fu garantita per qualche tempo da Gino Martinoli, il nostro primo presidente, quello che mi aveva detto di farmi le ossa con un anno in banca: se il 26 sera mi rendevo conto di non poter pagare gli stipendi, lo chiamavo e lui mi faceva un accredito dal suo conto personale. Nel 1968 gli restituimmo tutto. L'altra garanzia era data da un castelletto di 15 milioni presso il Banco Ambrosiano, basato sulla liquidazione incassata da Sebregondi dalla Comunità europea, che la vedova Fulvia aveva messo a nostra disposizione. Ma quello dei soldi non era l'unico problema.

La cosa più difficile fu rimanere nel giro. Perché se eri mandato da Saraceno ti si aprivano tutte le porte, se invece eri un Giuseppe De Rita qualsiasi non ti riceveva nessuno. In più c'era una discreta contraerea di fuoco amico, perché lo stesso Saraceno per mesi andò dicendo «ma questi sono una manica di avventurieri», «in sei mesi falliscono», negando che io fossi un erede del suo ambiente e facendo filtrare che fossi poco affidabile. Era il peggio che ci potesse capitare. Ma per fortuna c'era chi stava dalla nostra parte, anche fra i saraceniani ce n'erano alcuni che avevano deciso di difendermi, come Veniero Marsan o Pino Glisenti. Non accettarono di venire a fare i consiglieri d'amministrazione del Censis («non ci puoi chiedere tanto»), però mi hanno sempre appoggiato. Invece furono componenti del primo consiglio – oltre ai tre fondatori e cioè io, Gino Martinoli e Pietro Longo – persone di grande spessore e di buona oligarchia come Luigi Morandi, vicepresidente di Montecatini, poi passato in Montedison; Franco Momigliano, il più bravo degli economisti industriali; Alessandro Alberigi Quaranta, grande dirigente di ricerca, poi presidente della Sogei all'epoca di Prodi; e Luigi Granelli, all'epoca non ancora deputato democristiano ma presidente dell'Inapli, l'Istituto nazionale per l'addestramento e il perfezionamento dei lavoratori dell'industria. Mettere insieme queste persone di estrazione diversa aiutò molto. A chiudere un contratto non andavo io da solo, nudo e crudo. Dietro di me c'era un mondo, anzi più mondi.

Resta il fatto che, andando via dalla Svimez, persi il rapporto con la Cassa per il Mezzogiorno, che recuperai solo anni dopo, quando suo direttore generale divenne Gerolamo Colavitti; mentre non recuperai più il rapporto con il club delle grandi imprese, che comunque si riconoscevano in Saraceno anche perché c'era dietro Donato Menichella, che garantiva l'arrivo dei soldi alla Cassa per il Mezzogiorno dalla Banca mondiale. L'appartenenza oligarchica l'ho recuperata a pieno solo più avanti, dopo la metà degli anni Settanta. Ma ormai ero diventato qualcuno, avevo scoperto il sommerso, gestivo la dimensione delle piccole imprese, conoscevo il localismo italiano e i suoi protagonisti.

In compenso il Censis mi ha permesso di fare un vero e proprio salto: mettere su un'azienda, conoscere la fatica di fare l'imprenditore, sfidare il mercato, anzi crearlo. E questa storia merita di essere raccontata. I nostri primi contratti erano in realtà tutti pubblici. Ne avevamo uno con il ministero dell'Istruzione, un altro con il ministero del Lavoro, un altro ancora con il ministero dei Lavori pubblici. Ma soprattutto avevamo un grosso contratto con il ministero del Bilancio che però ci stava rovinando. Prevedeva che dovessimo scrivere un piano di sviluppo, non un problema per noi che fino al giorno prima avevamo scritto il Rapporto Saraceno e alcuni capitoli del Rapporto Giolitti. E si cumulava negli anni: 20 milioni l'anno per tre anni a partire dal 1964. Arrivati al 1968 non ci avevano dato nemmeno una lira e per questo eravamo sul punto di saltare in aria.

Per il ministero il contratto era stato firmato da Giorgio Ruffolo, già stretto collaboratore di Enrico Mattei e allora segretario generale per la programmazione economica. Ma il problema non era Ruffolo, eravamo amici, lui era dalla nostra parte e voleva pagare. Ci si mise di mezzo la resistenza della burocrazia, che mal sopportava tutto ciò che era in qualche modo esterno all'apparato pubblico. Il mandato di pagamento venne trasmesso alla Corte dei Conti per un controllo preventivo, cosa che allora non si usava e che sarebbe diventata consuetudine soltanto dopo. E la Corte dei Conti lo bocciò, rimandandolo indietro con due scuse, una più feroce dell'altra.

La prima era che il documento non era stato imbustato e rilegato con la treccetta tricolore della Repubblica. La seconda che nella relazione illustrativa del ministero c'erano diverse parole inglesi non tradotte. Ruffolo andò in bestia, in tutti i testi di economia che venivano citati in quella relazione c'erano parole inglesi. Finì che ci pagarono nel 1969, cinque anni dopo la firma. E soltanto lì capimmo che il Censis sarebbe sopravvissuto. Prima non potevamo esserne sicuri.

Per questo, quando arrivarono i soldi, decidemmo di festeggiare: invitai a cena per la sera dopo Longo, Martinoli e le mogli. Al mattino Martinoli venne da me con fare circospetto: «Allora stasera andiamo a cena insieme?» mi chiese.

«Sì, da George's in via Marche.»

«No, è che ieri sera ho visto Saraceno, mi ha detto se può venire anche lui.»

«E lei», ci davamo del lei «che gli ha detto?»

«Gli ho detto di sì.»

La sera Saraceno venne, fu un vero uomo di mondo, galante con le signore. Trascorremmo una bella serata. A un tratto disse a Martinoli, non a me: «Sono anch'io un socio fondatore del Censis, perché se non li avessi licenziati non avrebbero fatto questa strada». In fondo aveva ragione.

Nel frattempo erano stati proprio gli ostacoli della burocrazia a spingerci verso il privato. La transizione non fu semplice perché io non ero abituato al mercato, avevo sempre lavorato sotto la protezione della mano pubblica. Il primo contratto privato fu per lo sviluppo del porto di Brindisi. Ricordo ancora il direttore, un tale Arena, con il quale ci accordammo per duecentocinquantamila lire. Ero andato a fare una conferenza al Rotary locale, avevo parlato anche della mia missione nel Belucistan iraniano e del porto di Bandar Abbas. Al termine della conferenza, Arena mi avvicinò: «Quello che ha raccontato potrebbe servire anche a Brindisi», e io gli proposi di fare una ricerca e un progetto.

Non potevo immaginare che quella sarebbe diventata la nostra vita. Fu in quel momento che scoprimmo la realtà locale, diventammo voluttuosamente propensi a quel mercato che era più interessante, più reattivo. E aveva il pregio non secondario di pagare in tempi molto più brevi. Da quel momento in poi non c'è stata associazione di industriali, banca locale, organizzazione del commercio di cui non abbiamo «battuto il vigneto».

Questo passaggio dal pubblico al privato è un percorso che avrei voluto fare in maniera più tranquilla, più progressiva. Ma forse è stato un bene che sia andata così perché il Censis avrebbe potuto prendere un'altra piega all'inizio degli anni Settanta, quando ricevetti due proposte che probabilmente avrei accettato se fossero arrivate prima.

La prima era dell'Eni, che voleva fondere i tre grandi istituti di ricerca di allora. Il suo Isvet (Istituto per gli studi sullo sviluppo economico e il progresso tecnico), la Soris (Società per le ricerche applicate di economia e marketing industriale) dell'Imi e noi, dicendo: «Sotto la sigla Censis facciamo una grande Spa». Il capitale sarebbe stato di 500 milioni, una cosa fantasmagorica alla quale resistetti perché ormai avevo fatto quasi dieci anni di mercato, e il Censis cominciava a essere conosciuto. E poi, venendo da una famiglia piccolo borghese, ero convinto che al primo aumento di capitale l'Eni mi avrebbe mangiato diluendo la nostra quota.

La seconda proposta, più o meno contemporanea, veniva proprio da Giorgio Ruffolo, il segretario alla programmazione che aveva firmato quel grande contratto che ci pagarono cinque anni dopo. Lui voleva trasformare il Censis in un ente pubblico che, come l'Isco per la congiuntura, lavorasse sul sociale e sulle questioni strutturali. Era esattamente la vecchia idea di Sebregondi. Ruffolo fece anche presentare un disegno di legge che costituiva il Censis in ente pubblico, ma ormai eravamo a fine legislatura e non se ne fece nulla. Poco male, mi dissi. Ormai era chiaro che anche il sociale aveva un suo mercato. E soprattutto il Censis si era fatto un nome, grazie al Rapporto sociale che, sempre seguendo la profezia di Sebregondi, presentammo per la prima volta nel 1967.

L'idea del Rapporto era nata un paio di anni prima quando mi capitò fra le mani un documento trovato nella sede Usis (United States Information Service) presso l'ambasciata degli Stati Uniti. Era una relazione dell'Accademia sociale delle scienze americana, cioè la più alta autorità in materia, sulla possibilità di fare un Rapporto annuale sulla società americana. Pagine e pagine per dire che quel rapporto non si poteva fare perché i soggetti sociali erano diversi, le culture erano differenti così come le dinamiche dell'economia. Naturalmente il tutto spiegato per filo e per segno, con i bolli e i controbolli, perché a firmare quel documento erano tutti professori e accademici.

In Italia non abbiamo questa difficoltà, pensai. La

lingua è una sola, la cultura è variegata ma ha una sua unità, le distanze non sono paragonabili a quelle americane. «Un rapporto noi potremmo farlo» mi dissi e preparai un appuntino. Il guaio è che non sapevo a chi portarlo, a chi chiedere un finanziamento. Il presidente della Repubblica queste cose non le fa. Al presidente del Consiglio che gli importa? All'inizio pensai al segretario generale della programmazione. Andai di nuovo da Ruffolo. Ma lui ormai era a fine mandato, voleva solo chiudere la sua partita personale. «Mi dispiace, non posso proprio.»

Allora pensai al Cnel, il Consiglio nazionale dell'economia e del lavoro, organo costituzionale. Il presidente era il meridionalista Pietro Campilli, che avevo conosciuto come presidente del Comitato dei ministri per il Mezzogiorno. Era molto cordiale, un romanaccio frascatano che, dietro una affettuosa bonomia, nascondeva la voglia di non approfondire. Il fisico nucleare Mario Silvestri ricorda che, quando lavorava in Edison, venne in visita allo stabilimento proprio Campilli, all'epoca ministro dell'Industria: i suoi collaboratori erano tutti allertati e dal ministro si aspettavano un discorso «alto». Ma Campilli si limitò a dire: «Bravi ragazzi, state lavorando per l'Italia». Il vuoto assoluto.

Campilli, però, era bravissimo nell'annusare le

cose e per questo decisi di provare con lui. Quando gli portai il mio appuntino lui all'inizio tentennò: «Ma che è 'sta roba? Mi spieghi meglio». Poi si rivolse ai due componenti della sua segreteria tecnica: Domenico De Sossi, che poi sarebbe diventato segretario generale del Cnel, e Giuliano Graziosi, che era stato distaccato dall'Imi di Giorgio Cappon. Da loro nessuna obiezione. Allora Campilli mi chiese quanto sarebbe costato. «Dieci milioni» dissi io, non era una spesa stratosferica. Lui ci pensò qualche secondo e poi, con il suo tono da generone romano, disse: «Se po' fa'». È con quelle tre parole che nasce il nostro Rapporto annuale sulla situazione sociale del Paese.

All'inizio, però, non tutti accolsero bene quella novità. Ricordo che alla presentazione del primo Rapporto, nel 1967, il rettore della Sapienza e famoso economista Giuseppe Ugo Papi ci liquidò così: «Mi tremano le vene dei polsi a vedere la drammatica realtà economica italiana descritta da queste paginette scritte da quattro giovanotti senza alcun credito accademico». E uscì sdegnosamente dalla sala mentre Campilli provava a sdrammatizzare bofonchiando: «*Ite, missa est*».

L'anno dopo, invece, ad attaccarci fu il rappresentante di Confindustria nel Cnel, Giovanni Belella, che era stato anche membro del Gran Consiglio del fascismo ed era riuscito a scampare alla vendetta di Mussolini. Ci accusava, era il 1968, di connivenza con i movimenti di contestazione, insinuando che io fossi un autonomo bianco, cioè un loro fiancheggiatore di appartenenza cattolica. Ma il giorno dopo «Il Sole 24 Ore» criticò solo la parte economica del nostro Rapporto, senza contestarne la parte culturale e politica, e la cosa finì lì.

Non fu semplice tenere botta a questi attacchi. Che però dimostravano come ormai il Censis fosse diventato un soggetto nel dibattitto sociale e il nostro Rapporto fosse entrato nel circuito. Il Censis stava diventando un brand, anche se allora non si diceva così. E io, da elitario programmatore pubblico (anche «misterioso» come mi definì il professor Gozzer, nostro primo committente), divenni un buon imprenditore e uno stimato interprete della realtà. La quota di «mistero» è rimasta patrimonio negli anni delle mie segretarie Anna Vitale, Gianna Spampinato, Antonietta Petracca e Domenica Martinelli.

* * *

La nascita del Censis, però, non si può comprendere a fondo senza conoscere meglio le due persone che mi furono più vicine in quel momento e che ebbero un ruolo decisivo per la riuscita dell'operazione. Il primo è Pietro Longo, allora un ragazzo di ventotto anni, che poi sarebbe diventato segretario del Psdi. Il secondo è Gino Martinoli, che invece di anni ne aveva sessantadue e già allora rappresentava un pezzo di storia del nostro Paese. Eravamo tre persone molto diverse per cultura, estrazione, carattere. E fu proprio questo il segreto dell'equilibrio che si creò fra di noi e ci portò a cominciare quell'avventura.

Pochi lo sanno ma Pietro Longo, tre anni più giovane di me, si era diplomato al Centro sperimentale di cinematografia come segretario di produzione. Era compagno di corso di mio fratello Massimo, che poi ha fatto la sua carriera di produttore e di sceneggiatore. Fu proprio lui a presentarmelo. «Ho questo amico, è bravissimo, molto intelligente, ha delle intuizioni tutte sue. Fare carriera nel cinema non gli interessa proprio, gli piace la politica. Perché non vieni a conoscerlo?»

Era il 1959, l'anno che fece da ponte tra il dopoguerra e il boom economico. Aldo Moro diventava segretario della Dc, accantonando solo per qualche tempo le aperture a sinistra del suo predecessore Amintore Fanfani. Mentre il presidente degli Stati

Uniti, Dwight Eisenhower, e il segretario generale del Partito comunista dell'Unione Sovietica, Nikita Khruščëv, si incontravano a Camp David. Un evento senza precedenti dalla fine della Seconda guerra mondiale che fece sperare, anche qui solo per qualche tempo, in una fase di distensione internazionale. Io ero ancora alla Svimez: seguendo il consiglio di mio fratello, conobbi Longo. Ricordo che mi piacque subito, mi colpì soprattutto la sua velocità di pensiero. Lo aggregai al comitato che, all'interno dell'associazione, lavorava alla previsione dei fabbisogni di personale qualificato. In pratica Longo diventò il nostro uomo per la formazione, Saraceno lo portò con sé ad Atene per scrivere il capitolo sulla scuola del piano di sviluppo della Grecia al quale stavamo collaborando. Giocava anche nella squadra di calcio della Svimez: adesso forse è difficile crederlo, ma con i suoi cento e passa chili era un ottimo centravanti di sfondamento, mentre io invece facevo il regista, all'epoca andava di moda portare il numero 10 o al limite il 6, quello del centrocampista di sinistra.

Quando nel 1963 arrivò la lettera di Saraceno che ci mandava tutti via, fu proprio Pietro il vero ispiratore del «mettiamoci in proprio». Io ero molto più cauto, per il mio carattere, sempre prudente.

Fu Pietro a insistere e a trascinare tutti gli altri, me compreso. Ma poi ci fu un colpo di scena. Pochi giorni dopo la firma dal notaio che diede vita alla nostra azienda (era il 23 novembre del 1963) lui venne chiamato a fare il caposegreteria di Pietro Nenni, diventato da poco vicepresidente del Consiglio nel governo di Aldo Moro, che nel frattempo aveva di nuovo aperto a sinistra. Pietro non veniva da una famiglia qualunque: sua madre Rosetta era stata una delle pochissime donne che aveva fatto parte dell'Assemblea costituente, ed era cara amica di Giuliana Nenni, la figlia del segretario socialista. Quando ricevette la chiamata da Palazzo Chigi, Pietro venne subito da me: «C'ho sta cosa...». Non ci pensò due volte e nemmeno io provai a trattenerlo. Diciamoci la verità, il fatto che lui andasse a Palazzo Chigi era un vantaggio non solo per lui ma anche per il Censis. Entrava nella famosa stanza dei bottoni, come proprio Nenni l'aveva chiamata, e questo per noi significava facilità nei contatti e nelle relazioni.

Per il Censis lui non scrisse più un rigo ma continuò a darci spunti e idee. Quasi tutti i giorni veniva a pranzo con noi in piazza dell'Orologio dove allora avevamo la sede, una sede spartana, visto che fu proprio il padre di Pietro, ingegnere, a farsi carico di dividere le stanze con dei tramezzi in legno poiché il palazzo era antico e pareti in mattoni non si potevano fare.

Come mi aveva detto subito mio fratello, la sua indole era politica: si occupava solo di politica, parlava solo di quello, ragionava solo di quello. Era un animale politico puro ma soprattutto è stato ed è ancora un grande amico. In parte perché il nostro rapporto nasceva proprio da mio fratello, e quindi era uno di famiglia. In parte perché era totalmente diverso da me e quindi ci compensavamo a vicenda. Io sapevo che certe sue sparate, certi suoi modi di essere un po' gigioneschi, erano funzionali al mestiere che faceva oltre che legati al suo modo di vivere. Ne ricordo uno clamoroso, durante un viaggio insieme, io, lui e le nostre mogli. Partimmo in macchina da Roma con la sua Alfasud per imbarcarci a Brindisi e andare in Grecia. Ad Ariano Irpino una nevicata spaventosa ci costrinse a lasciare la macchina. Secondo me non c'era più nulla da fare, mi stavo già preparando a un triste rientro a casa. Ma Pietro non si voleva arrendere. Chiese dove fosse la stazione più vicina, la raggiungemmo in qualche modo e lì fece fermare il treno apposta per noi dicendo al capostazione che eravamo una delegazione ufficiale. Io mi vergognavo come un ladro ma grazie a questa sua mossa arrivammo a Brindisi in tempo per prendere il traghetto.

Dietro quell'azzardo c'erano la stessa volontà, la stessa tensione e la stessa fantasia che aveva usato quando spinse tutti noi all'avventura del Censis. E, anche se da lontano, è rimasto sempre fedele a quello spirito. Ricordo una decina di anni fa, quando il Censis stava attraversando una crisi profonda e si prospettava una fusione con la Fondazione Roma. I dirigenti Censis erano tutti convinti che fosse la soluzione migliore; tutti, tranne me: «Al limite chiudo io, dico che la mia avventura personale è finita. Ma finire venduti a qualcuno non mi piace». L'unico che si schierò con me fu proprio Pietro, in fondo il Censis era anche una sua creatura, la sentiva come tale; e di questo gli sarò sempre grato.

Poi per avventura finì negli elenchi della P2, anche se come per molte delle persone coinvolte in quella storia non si è mai capito se era stato fregato, se l'aveva fatto per avventatezza o perché alla fine faceva parte del gioco. Non me ne ha mai parlato, né io gli ho chiesto come fossero andate le cose.

A prescindere dalla sua partecipazione, sarebbe però sbagliato pensare alla P2 come a un'operazione oligarchica nel senso autentico del termine. Anzi, per molti aspetti è l'esatto contrario. La P2 era un giochetto di potere che calava dall'alto sulla società italiana, un drappello di potenti che aveva costruito una sovrastruttura con l'obiettivo di comandare ancora di più. L'oligarchia, invece, sale dal basso, da un gruppo di persone che si riconoscono fra loro e mettono in rete le proprie competenze, quelle di un manager che alle spalle ha una lunga carriera costruita un passo dopo l'altro, o di un funzionario pubblico che ha servito il Paese nelle istituzioni crescendo anche lui gradualmente. Molti di quelli che si erano iscritti alla P2 forse pensavano di entrare in un giro oligarchico che li avrebbe aiutati a fare carriera e a fare affari ma si tratta di due operazioni differenti.

La storia di Gino Martinoli, invece, sembra quasi un romanzo. Dopo quel fugace colloquio in cui mi consigliava un anno in banca per farmi le ossa, ai tempi in cui rischiavo di finire a fare l'esattore dell'Aci, lo incrociai di nuovo nel 1955, anche lui alla Svimez. L'ingegnere era già un personaggio conosciuto. Intanto veniva da una famiglia importante e geniale: era il fratello della scrittrice Natalia Ginzburg, nel romanzo *Lessico famigliare* lui era definito il «minerale». Era stato per anni in Olivetti: assunto come operaio per sperimentare direttamente i problemi dell'azienda, come lì si faceva con tutti gli ingegneri, era diventato presto il direttore dell'ufficio tecnico, aveva portato in azienda la catena di montaggio e ideato la prima macchina da scrivere portatile. Un dirigente geniale, ma con una grande responsabilità sociale e politica. Difese la fabbrica quando gli Olivetti erano fuggiti in Svizzera a causa delle leggi razziali; e salvò dalla deportazione ottocento antifascisti, in buona parte ebrei, assumendoli come impiegati, un po' come nel film *Schindler's List*. Anche lui era ebreo da parte di padre, il suo vero cognome era Levi. Per sfuggire ai rastrellamenti decise di prendere il cognome della madre, Martinelli. Ma a Trieste, dove fece la pratica in gran segreto, si sbagliarono e sui documenti si ritrovò il cognome Martinoli, che alla fine decise di tenere come segno della storia.

Quando lo incrociai nel 1955 era stato licenziato da poco da Agip nucleare, dove aveva progettato la costruzione della centrale di Latina, e poi aveva trovato posto in un'azienda che produceva elettrodomestici. Sebregondi mi aveva dato da leggere un suo studio in cui faceva una previsione dei fabbisogni di manodopera per l'industria proiettati al 1975. Io decisi di allargare l'indagine a tutto il sistema economico, non solo all'industria.

Ne venne fuori un bel lavoro che mi fece guadagnare il primo elogio di Sebregondi, scritto su carta quadrettata, e che in qualche modo arrivò sulla scrivania dell'allora ministro dell'Istruzione, Giuseppe Medici. Lui ci chiese una previsione mirata sul settore dell'istruzione ma aveva bisogno di una qualche forma di garanzia, di una commissione nominata dal ministero. Io proposi come presidente Martinoli, visto che tutto nasceva dal suo lavoro. E lì scattò il colpo di fortuna perché Medici non mi fece neanche finire di parlare: «Martinoli va benissimo. Mia madre e sua madre erano amiche, vicine di ballatoio a Torino negli anni Trenta».

Gino divenne presidente della commissione e un giorno alla settimana veniva alla Svimez per lavorare con me e Pietro Longo. Il nostro rapporto a tre nacque lì. E già in quella fase Gino cominciò a svolgere quel ruolo di equilibratore tra il carattere smaliziato di Pietro e quello più prudente che avevo io. Trovava sempre la giusta misura come può fare solo chi ha avuto una vita piena e ricca, chi ne ha passate tante e per questo ha maturato una profonda saggezza. E Gino ne aveva passate tante davvero.

Quando era stato chiamato da Enrico Mattei per costruire la centrale nucleare di Latina, Gino ebbe carta bianca. Lui era un tipo preciso, fece mesi di studi e calcoli per poi esporre il suo piano dettagliato al presidente dell'Eni: «Allora, facciamo trentacinque centrali, tutte a nebbia, con uranio arricchito 121. Se lei ritiene di poter andare avanti me lo dica così io faccio il piano esecutivo». Mattei alzò il telefono e si fece chiamare il presidente del Consiglio (che allora era Adone Zoli, un nome che oggi non ricorda più nessuno) e gli ripeté la proposta di Gino, dicendo che lui aveva già accettato. Zoli disse di andare avanti, tutti d'accordo; e da allora Mattei non ricevette più Martinoli fino al giorno in cui lo licenziò.

Cosa fosse successo non si è mai capito, Gino non me lo disse mai anche se io un sospetto ce l'ho. Credo che Mattei avesse cambiato idea sul nucleare: voleva fermarne lo sviluppo in Italia per giocarsi tutto sul petrolio e su una logica di potenza internazionale che il nucleare non gli poteva dare. Aveva il suo «piano Mattei» diremmo oggi.

C'è però un altro aspetto della vita di Gino, più personale, che meglio degli altri fa capire che personaggio eccezionale fosse. Nel 1922, quando era un giovane ingegnere all'Olivetti, si era innamorato di Silvia, la figlia di Camillo Olivetti, il fondatore dell'azienda. Ma lui, figlio di un grande professore universitario (che formò tre premi Nobel) erede di una famiglia di rango e con un certo senso dell'orgoglio, si frenò: «Silvia, ti amo ma non posso sposarti. Farei la figura del ragazzotto che si prende la figlia del padrone e poi fa carriera». Si lasciarono, lui si sposò con un'altra donna, ebbe anche un figlio.

Qualche tempo dopo, saranno stati i primi anni Trenta, incontrò di nuovo Silvia durante una gita in montagna. L'amore riesplose più forte di prima ma la moglie di Gino fece fuoco e fiamme: fermò Silvia per strada urlandole che «qui a Ivrea le signore si rubano le cameriere ma non si rubano i mariti». Silvia si eclissò, se ne andò in Sudamerica. Conobbe un ingegnere alsaziano, vedovo con due figli, e cominciò con lui una nuova vita. Poi passarono tanti anni, anzi tantissimi, e un giorno mi telefonò Gino (sarà stato il 1982): «Domani sono a Roma» mi disse.

«Bene, viene a cena da noi?»

«D'accordo, però voglio la presenza di tutti i suoi figli anche di quelli che abitano altrove.» La sera attorno al tavolo cominciò: «Ho voluto che ci foste tutti perché volevo dirvi che mi risposo. Sì, con Silvia». E iniziò a raccontare dall'inizio una storia che nessuno di noi conosceva: «Tutto cominciò nel 1922 quando io, giovane ingegnere, mi innamorai della figlia del padrone». E andò avanti diversi minuti prima di confessare due cose: «La prima è che in sessant'anni non ho mai toccato Silvia, se non per tenere la mano sulla sua fronte mentre lei vomitava per un mal di montagna al Gran Paradiso. La seconda è che fino alla settimana scorsa, quando abbiamo deciso di sposarci, ci siamo dati rigorosamente del lei».

I miei figli piangevano per la sorpresa e la commozione, ci fu un vero e proprio sbandamento emotivo. Era un ingegnere con un innato, quasi romantico senso della comunità. Quando morì nel 1996, venne da me il nipote Carlo Ginzburg: «Senta,» mi disse «la famiglia avrebbe deciso di fare i funerali in chiesa. Però chi glielo dice al vescovo? Mica ci può andare lei?». In effetti non era cosa scontata, vista la sua origine ebraica e la sua cultura laica. Il vescovo di Ivrea era monsignor Luigi Bettazzi, uno che non si spaventava certo di queste piccolezze, infatti disse subito di sì: «La Chiesa riconosce in lui un "fondatore della comunità", è giusto celebrare i funerali qui, nel Duomo di Ivrea».

Tutto questo per dire che il carisma di Gino, la sua esperienza, la sua tenacia, la sua tensione morale furono decisivi per fare i passi giusti che ci portarono a creare il Censis. Quando venimmo mandati via dalla Svimez, all'inizio lui provò a mediare con Saraceno ma capì subito che non c'era nulla da fare. Allora appoggiò l'idea di Pietro di metterci in proprio, ma fu nettamente contrario all'ipotesi di creare una cooperativa, che pure qualcuno di noi sosteneva. «No, dobbiamo fare un'azienda dove si sa chi comanda e chi garantisce gli stipendi. Non possiamo fare un'opera pia.»

Aveva ragione, perché era un industriale, abituato a fare sempre i calcoli e non era un avventuroso come Pietro. Era una via di mezzo fra noi due. E ha saputo far esprimere il meglio di ciascuno.

4
Le considerazioni generali, un racconto del Paese lungo cinquant'anni

Ho scritto le Considerazioni generali, la parte introduttiva ma anche di sintesi del Rapporto Censis, dal 1967 al 2016. In quei cinquant'anni l'Italia e il mondo intero sono cambiati completamente, passando dal primo Giro d'Italia vinto da Felice Gimondi all'arrivo di Virginia Raggi al Campidoglio, dal primo trapianto di cuore al mondo all'elezione di Donald Trump negli Stati Uniti. Attraversando epoche così diverse, i fenomeni analizzati sono stati numerosi, come le tendenze rilevate. Ma credo che i due documenti più importanti siano stati il primo e il secondo perché erano legati a una cultura che nasceva allora, quella dei diritti, che poi sarebbe stata la cultura di tutti gli anni Settanta.

In quelle pagine c'erano una vitalità di base e

una dimensione della libertà legata ai diritti individuali che caratterizzavano quel periodo. I primi due Rapporti vennero accusati addirittura di essere troppo di sinistra, un po' gruppettari, tutto liberazione d'energie e fantasia al potere. E questo anche se, essendo stati commissionati dal Cnel, avevano una conclusione costruttiva, quasi prescrittiva: si diceva «facciamo partecipare al dibattito sociale questi soggetti», «utilizziamo la concertazione per trovare un'intesa» e altre formule rituali, che però non potevano non esserci.

Non sono mai stato un sessantottino o un pannelliano ma lo ammetto, allora il tema dei diritti individuali mi entusiasmava. Oggi invece lo riprenderei in maniera critica perché alla lunga insistere su quel tasto ha portato allo svilimento delle norme, a una tendenza per cui tutto è dovuto, non ci preoccupiamo di niente e tutto va bene così. Ho ritrovato l'altro giorno questa frase di Giacomo Leopardi: «Sì, la vera legge naturale è che ciascun uomo vivente faccia tutto per sé, il più forte sovrasti il più debole e si goda quel di costui». Altri tempi, certo. Ma questo soggettivismo a oltranza ci ha portato all'eccesso, al fatto che gruppi più o meno ristretti possano avere più diritti ed essere più potenti dell'intera collettività. Questo meccanismo l'ho visto nascere, in qualche modo l'ho annunciato. Ma oggi ne sono stanco e, se dovessi scrivere un nuovo Rapporto, avrei la tentazione di scegliere un'impostazione reazionaria.

Negli stessi anni in cui pubblicavamo i nostri primi Rapporti, il vicepresidente del Consiglio Pietro Nenni istituì a Palazzo Chigi una commissione informale per scrivere lo Statuto dei diritti dei lavoratori, presieduta da Gino Giugni; era composta da me, un rappresentante della Cgil, l'avvocato Venturi, e un rappresentante di Confindustria, il professor Mirabelli. Lo schema su cui lavorammo, e sul quale Nenni si disse d'accordo, era basato sì sui diritti dei lavoratori, ma specialmente sui diritti delle rappresentanze sindacali più che delle singole persone. Fu poi Giacomo Brodolini – allora ministro del Lavoro, già vicesegretario del Partito socialista – a rovesciare la logica dello Statuto, esaltando i diritti dei singoli lavoratori e non delle rappresentanze sindacali; e contribuendo così a spingere all'estremo una logica in cui la classe politica è rimasta imprigionata.

Subito dopo questa prima fase, quasi una forma di autocoscienza collettiva, arrivò l'epopea dell'economia sommersa e del localismo, con i Rapporti che vanno dal 1969 al 1972. A quel punto lasciammo la dimensione individualistica della vitalità e andammo verso la dimensione locale e collettiva. In parte proprio perché eravamo agganciati al Cnel e quindi di una dimensione collettiva dovevamo dar conto, ma anche perché la dimensione individuale non sembrava più sufficiente per spiegare tutto. Visto adesso, il passaggio sembra scontato, ma non fu per niente facile spostarsi dalla liberazione delle energie individuali alla vitalità del localismo pratese, fabrianese o sassolese. Significava cambiare punto di vista, passare da una logica che poteva sembrare gruppettara a un approccio quasi da economia aziendale.

Tutto era cominciato nel 1968 con una ricerca che andammo a fare a Prato, dove il direttore dell'Associazione industriali era Alberto Parenti, mio amico dei tempi di Sermoneta, che per un po' aveva lavorato anche con noi al Censis. Era un periodo di grande crisi per il commercio internazionale, e invece l'economia di Prato era una macchina da guerra in cui la produzione, i soldi, l'occupazione, tutto scorreva come nulla fosse. Solo che questa macchina da guerra era fatta da tutte le cose irregolari che c'erano in Italia: un'evasione fiscale unica al mondo, un inquinamento ambientale spaventoso, una enorme elusione dei contributi sociali, contratti collettivi a dir poco opachi.

Facemmo i conti di chi aveva il secondo lavoro, evadeva le tasse, non pagava i contributi. Preparammo anche una tabellina con tutti i numeri, solo che questo fenomeno non sapevamo come chiamarlo. Economia non istituzionale? Economia nera? Economia deviante? Avevamo scoperto un fenomeno ma non avevamo una definizione. E in realtà non fummo noi del Censis a trovarla.

Un giorno eravamo in riunione con i dirigenti dell'Isco, l'Istituto nazionale per lo studio della congiuntura, che lavorava per il Cnel in parallelo con noi, e posi il problema: «Dobbiamo inventarci un nome. Questa cosa va spiegata in modo chiaro, altrimenti i sindacati continueranno a dire che facciamo la celebrazione del lavoro nero». Dopo un giro di tavolo e qualche idea scartata velocemente, fu la direttrice dell'Isco, Almerina Ipsevich, a proporre la parola «sommerso». Fummo tutti d'accordo, anche il suo vice Innocenzo Cipolletta che era al tavolo con noi. Quella definizione, e quel tema, hanno contribuito in maniera decisiva a far conoscere il nome del Censis.

Pochi se ne resero conto in quel momento, ma l'epopea dell'economia sommersa avviò gradualmente un ritorno all'individualismo, perché la piccola impresa ha le sue radici in una dimensione individuale. Dopo un lungo processo di cetomedizzazione della società italiana, con il depotenziamento dei livelli alti e l'innalzamento di quelli bassi, i Rapporti degli anni a cavallo tra i Settanta e gli Ottanta danno proprio il senso di questa dimensione, di una logica, di una vera e propria cultura individuale. Siamo all'esplosione del soggettivismo che ci portò, all'inizio degli anni Ottanta, a quella che definimmo «la società dei comportamenti»: un modello in cui le appartenenze, le strutture e le istituzioni venivano messe in grave crisi dalla forza dei comportamenti individuali e collettivi. Nasceva una sorta di individualismo protetto (o di autonomia nella sicurezza) che da una parte rivendicava la più ampia libertà nei comportamenti individuali e collettivi mentre dall'altra chiedeva una totale protezione pubblica. Voglio il secondo e il terzo lavoro in nero, ma comunque sotto l'ombrello della cassa integrazione e della non licenziabilità.

È stata proprio la società dei comportamenti a mettere le basi per un fenomeno che forse solo adesso vediamo in tutta la sua potenza: il forte potere di condizionamento da parte delle ondate di opinione.

Nella seconda metà degli anni Ottanta, poi, arriva il policentrismo dei poteri, con la società italiana che abbandona il paradigma statuale a logica piramidale (anche se in quello schema cerca ancora coperture e sicurezza) per passare alla rottura dell'invaso borghese, all'inizio della stagione di Mani pulite, con l'emergere di una neoborghesia capace di mettere insieme iniziativa individuale e responsabilità collettiva, portatrice di una forte domanda di efficienza, di regole, di trasparenza.

Segue ancora la società molecolare, che caratterizza l'ultimo scorcio degli anni Novanta: ad alta soggettività, a basso radicamento ma piena di aspettative. Scavallato il passaggio del secolo arriva un'Italia dalle pile scariche dove i borghesi mollano la presa e si fanno borghigiani, cioè lasciano la città e si ritirano nel borgo (fisico e metaforico) finendo per anteporre la qualità della vita all'impegno individuale e collettivo.

È in quel momento, siamo tra il 2003 e il 2004, che l'economia italiana comincia a rallentare pur mantenendo diverse schegge di vitalità, produttive e sociali. Dal 2008 in poi arrivano le crisi internazionali che fanno scattare un meccanismo di difesa e adattamento in cui la dimensione individuale si rafforza ancora di più: il risparmio individuale, il lavoro individuale, il secondo lavoro, il terzo lavoro. Una sorta di annidamento nella singolarità, una mossa difensiva contro fenomeni che si erano sviluppati su livelli non controllabili dal singolo. Mica puoi controllare la globalizzazione o il fallimento di Lehman Brothers: sono cose che arrivano da fuori, più grandi di te, devi solo rinchiuderti nel tuo recinto e aspettare che passi la nottata. Ognuno per sé e Francoforte per tutti, come si diceva ai tempi del *whatever it takes* di Mario Draghi, nel solco del vecchio menefreghismo all'italiana, o del *particulare* di Guicciardini. Lo stesso vale per l'ultima crisi, quella del Covid, alla quale abbiamo risposto con un aumento del risparmio, che è sempre una risposta del singolo ai pericoli e alle crisi.

La dimensione collettiva, invece, non ce la fa. Non ce la fa una legge di Bilancio, non ce la fa il sindacato, non ce la fa Confindustria e nemmeno un partito politico. La dimensione collettiva è andata sfrangiandosi perché non ha capito che i propri iscritti fanno per conto loro. Vale per la Cgil come vale per Confcommercio, per il Pd come per la Lega. La fine dei soggetti collettivi, dei corpi intermedi (e la crisi del concetto stesso di rappresentanza) è forse il cambiamento più importante al quale abbiamo assistito nei cinquant'anni in cui ho scritto le Considerazioni generali.

Se uno va a guardare il numero delle associazioni professionali si accorge che ancora oggi sono tantissime. Ma ormai contano poco. Una volta un convegno di un ordine (degli ingegneri o dei notai) aveva un peso politico che oggi sarebbe inimmaginabile. Pensiamo alla Confindustria. Un tempo, per fare un esempio lontano così non scontentiamo nessuno, c'era Angelo Costa, uno degli armatori più importanti d'Europa, un grande oligarca tra gli oligarchi. Adesso abbiamo la vocazione presidenziale di un piccolo imprenditore in mezzo a tanti piccoli imprenditori. Poi magari come singolo è bravissimo, intelligente, si è fatto un'aziendina che funziona e ha pure un sacco di soldi. Ma non ha la statura dell'oligarca, non ha la sua rete di contatti. E quindi conta poco.

Ripercorrere velocemente i testi con cui abbiamo provato a interpretare il Paese nel corso della sua storia recente fa capire come in tutti questi anni l'Italia sia riuscita ad assorbire grandi e piccoli traumi rimodulando i propri equilibri. Anche i grandi choc – come il passaggio dalla prima alla seconda Repubblica, le crisi finanziarie o la fine dei corpi intermedi – sono stati in qualche modo metabolizzati. La nostra società è un grande organismo con una naturale capacità di adattamento ai punti di rottura economici, tecnologici, politici e culturali.

Questo viaggio nel tempo, però, mi porta anche ad ammettere che scrivere le Considerazioni generali mi manca. Mi mancano le riunioni di luglio per programmare le analisi sulle nuove fenomenologie dell'anno; gli appunti personali messi insieme d'estate nella mia casa di Courmayeur; la lettura in ottobre dei capitoli settoriali e dei risultati delle analisi programmate in luglio; la selezione dei temi fatta nelle due settimane di novembre in cui le Considerazioni generali prendevano la forma definitiva.

Mi manca, soprattutto, il processo mentale che portava a creare quella formula evocativa che sintetizzava in poche parole il senso di tutto il lavoro fatto. «Addio alla società semplice», nel 1967, la prima della serie. «Nella fase del cespuglio», nel 1978, durante gli Anni di piombo. «La società dei comportamenti», nel 1981, forse la formula più azzeccata di sempre. «La rottura dell'invaso borghese» (1993), con la stagione di Mani pulite. «Un Paese sano che incede sciancato» nel 1995 e

«Più borghigiani che borghesi» del 2003. Ancora «La società mucillagine» (2007) con la funzione di coesione da parte delle istituzioni ormai inesistente. Fino al 2016, con la «Cerniera rotta fra élite e popolo» che racconta non solo la fine dei corpi intermedi ma anche un'età del rancore e della nostalgia che ci accompagna ancora oggi.

In questi cinquant'anni ci sono stati anche fenomeni che non abbiamo colto o che abbiamo scelto di non analizzare. Il femminismo negli anni Settanta, ad esempio, o il più recente movimento per la parità di genere. Ma anche i fenomeni altissimi dell'economia, come la globalizzazione o il sistema dei settori avanzati, secondo noi troppo lontani dalle dinamiche concrete che muovono il mondo. Per noi la realtà è fatta da una società autopropulsiva che si sviluppa dappertutto e rasoterra, senza essere guidata dall'alto. Alla fine questa è stata la vera costante di tutte le nostre analisi. Ma su questo punto è molto importante intendersi.

Il nostro obiettivo è stato sempre quello di leggere la realtà, interpretarla. Mai di provare a influenzarla. È vero che i Rapporti del Censis facevano opinione ma non abbiamo mai pensato di montare un'ondata d'opinione a nostro vantaggio. Anzi, scrivere cinquanta Rapporti sulla società italiana significa proprio non credere in questo meccanismo. Abbiamo considerato la cultura dell'opinione come il nostro vero nemico e siamo rimasti sul piano delle valutazioni strutturali, che non potevano entrare in una dinamica dei pareri e delle convinzioni, per definizione effimeri.

Il tema dell'economia sommersa, ad esempio, noi l'abbiamo scoperto, l'abbiamo raccontato nelle sue dinamiche che molti non volevano vedere. Ma poi l'abbiamo lasciato andare perché non ci interessava esserne i piloti. Eppure in molti ci hanno accusato di esserne i promotori, i sostenitori, addirittura i cantori.

Lo scontro più clamoroso fu con l'Istat. Quando scrivemmo che il 35 per cento del Pil italiano era sommerso, il presidente Giuseppe De Meo fece diffondere un comunicato ufficiale per dire, in sostanza, ma chi sono questi ragazzotti che si inventano i dati? La cosa poi si acquietò ma furono necessari anni per ricostruire un rapporto dignitoso con l'Istat, che con tutte le sue statistiche era per noi il pane quotidiano. Dovemmo aspettare che arrivassero presidenti più vicini alla mia generazione, come Guido Rey, Alberto Zuliani e Luigi Biggeri, per avere di nuovo una relazione serena. Tuttavia ancora adesso l'Istat non parla mai di economia sommersa, come facciamo tutti, ma di «economia non osservata». Termine che non si capisce bene cosa significhi, perché se una cosa non la osservi come fai poi a parlarne?

Sullo stesso argomento ci attaccò anche Gerardo Chiaromonte, il più intelligente di tutti i comunisti italiani, con il quale poi nacque un rapporto di stima e di amicizia. Su «Critica marxista» scrisse un articolo intitolato *De Rita si dà al folklore economico*. Sosteneva (spigolando su Prato, Sassuolo, Valenza Po, Montebelluna ecc.) che giustificavamo il lavoro nero, il lavoro minorile, l'evasione fiscale e ogni altro orrore immaginabile. Lì nacque un dibattito, io gli risposi, lui mi rispose. Spiegai che noi facevamo solo fenomenologia: raccontavamo quello che c'era, davamo un nome al nuovo ma non teorizzavamo e tanto meno tifavamo per quello che scoprivamo sul campo. Lui capì, a differenza di tanti altri che si erano fatti trascinare dalla smania polemica. E quel carteggio con Chiaromonte finì poi in un libretto che, per i cinquant'anni del Censis, regalammo a Giorgio Napolitano, allora presidente della Repubblica e grande amico di Gerardo.

Al di là delle critiche che arrivavano dalla politica, dal sindacato e dai professori universitari, la conferma che la nostra analisi fosse centrata arrivava dal contatto con le aziende, con le persone, con la realtà concreta del Paese. Un giorno, sarà stato l'inizio degli anni Settanta, mi telefonò il capo del personale dell'Atac, l'azienda dei trasporti di Roma. «Ho letto quello che lei dice sul secondo lavoro: è tutto vero! Io ne sono una vittima.» E mi raccontò. Lui aveva il problema di far quadrare i turni degli autisti e voleva spostarne uno un po' demotivato sulla fascia notturna, quando poteva creare meno problemi. Ma quello si opponeva e un giorno piombò nella sua stanza: «Dotto', ma che mi volete rovinare? Io a Ponte Milvio c'ho dieci fochetti», cioè i falò utilizzati dalle prostitute per scaldarsi e attirare i clienti. «Sono mille e cinquecento lire a fochetto. Dotto', se mi mette di notte come faccio?» Credo che alla fine quell'autista non sia stato spostato sui turni notturni. Altro che profonda globalizzazione.

Sul «piccolo è bello» c'è stato lo stesso fraintendimento. Avevamo raccontato il fenomeno, certo mettendone in luce anche le virtù, ed è finita che ci hanno accusato di essere la causa del nanismo delle imprese italiane. Su questo punto il più feroce di tutti è stato Eugenio Scalfari. Tre o quattro anni fa, a Roma, ero a colazione con la mia famiglia da

Pierluigi, a piazza de' Ricci. Mi si avvicinò Luigi Zanda e mi disse: «Vieni di là, sono con Scalfari. Così lo saluti». Andai da Scalfari, ci salutammo: «Giuseppe, mi fa piacere vederti. Ma avrai sempre la colpa di aver fatto il profeta del piccolo è bello». È stato implacabile, fino alla fine. E come lui la pensavano i grandi dell'industria italiana, a partire da Gianni Agnelli.

Quando andavo a Cernobbio per il Forum Ambrosetti la sua celebre frase era: «Ecco, è arrivato l'amico degli stracciaroli pratesi». Almeno lui lo diceva con ironia, con leggerezza. Altri imprenditori, tra quelli seduti al tavolo della discussione del Forum, erano più pesanti. Ma la platea era molto più consonante con me; e ricordo quello che Ciriaco De Mita diceva di Berlusconi: non è un imprenditore, è un impresario. Del resto buona parte di quelli che in Italia fanno impresa sono impresari: hanno un'idea, ci montano sopra una macchinetta e vanno avanti fin che possono.

Chi ci attaccava non capiva che il «piccolo» ha due caratteristiche fondamentali che per il «grande» sono più difficili da ottenere. La prima è che tutti i giorni deve fare innovazione di processo; una grande impresa per fare un'innovazione di processo deve cambiare macchinari e perfino lo stabilimento, ci mette due anni. Il piccolo imprenditore, invece, il cambiamento di processo lo fa in pochi giorni. La seconda caratteristica è che il piccolo si pone ogni giorno il problema di andare oltre, che poi è la vera molla dello sviluppo. Pensa di poter andare oltre e allora si sente in dovere di farlo: come posso migliorare? Un'urgenza che il singolo sente dentro di sé ma che per la grande impresa è molto più labile. Sergio Marchionne è uno che ha tentato di andare oltre pur guidando una grande impresa ma alla fine non ce l'ha fatta nemmeno lui.

Tutto questo, però, vale in tempi normali. Se c'è un cambio di era, allora sono i grandi a essere avvantaggiati rispetto ai piccoli. Vedremo cosa succederà con l'intelligenza artificiale, che viene annunciata come il prossimo cambio epocale. Io per il momento sospendo il giudizio perché ne ho viste troppe di rivoluzioni che poi erano solo venticelli. Quando ho cominciato a lavorare, nel '55, era di moda la cosiddetta «ricerca operativa» e la rivoluzione annunciata era l'automazione, tema su cui Gino Martinoli scriveva decine di articoli. Ma con tutto il bene che gli ho voluto devo riconoscere che l'automazione non ha cambiato un bel niente. E la stessa cosa è successa poi altre volte, ad esempio con la New Economy.

Senza contare che ci sono anche cambi d'era innescati proprio dalla piccola impresa, come la fine del fordismo. In quel momento il consumo è diventato più importante della produzione, la domanda si è fatta diversificata. È diventato più prezioso il piccolo idraulico che veniva a sistemarti la doccia e si inventava una cosa nuova fatta apposta per te rispetto alla produzione in serie della grande fabbrica. Ancora una volta, rasoterra e dappertutto. E questo non significa tifare perché qualcosa avvenga ma soltanto leggerla e raccontarla.

5
La stagione del Cnel e l'idea dei patti territoriali

Quando ero giovane dicevo che da grande mi sarebbe piaciuto fare una di queste tre cose: il direttore generale della Rai, perché avevo scritto un Rapporto sulla televisione pubblica e sognavo ancora di metterlo in pratica; il segretario generale della programmazione al ministero del Tesoro perché ero figlio di una stagione di programmazione e avevo grande stima di Giorgio Ruffolo che a lungo aveva occupato quel posto; oppure il presidente del Cnel, il Consiglio nazionale dell'economia e del lavoro, perché era un mondo che conoscevo bene. Erano le mie tre aspirazioni, i tre sviluppi di carriera che consideravo possibili.

Quando nel 1988 Ciriaco De Mita divenne presidente del Consiglio, mi chiese se ero interessato a fare proprio il presidente del Cnel. Inizialmente tentennai, perché il Consiglio era diventato un animale morente, vivacchiava senza incidere. Andrea Manzella, il capo di gabinetto di De Mita a Palazzo Chigi, provava a convincermi ogni giorno: «Giuseppe, guarda che la cosa è seria, nel partito non tutti la pensano allo stesso modo. Bisogna prendere una decisione». Qualcuno voleva rinnovare il presidente uscente, Bruno Storti, ex segretario generale della Cisl, altri volevano Rosa Russo Iervolino, che nella mia vita avrei poi incrociato altre volte.

Nonostante le mie aspirazioni giovanili e le insistenze di Palazzo Chigi, io restavo scettico perché in quel momento il Cnel era veramente un parcheggio per sindacalisti in pensione e politici trombati. Poi una mattina mi richiamò Manzella, sul cellulare, mentre stavo accompagnando alla stazione mia moglie, che partiva per Anzio. «Giuseppe, tra un'ora andiamo in Consiglio dei ministri. Mi devi dire sì o no.» Mi presi qualche minuto per decidere e ne parlai con mia moglie. Lei mi rispose con una frase tipica della nostra famiglia: «Ci siamo pentiti sempre delle cose che non abbiamo fatto, mai delle cose che abbiamo fatto». Aveva ragione. Comprare una casa, un terreno, un tavolino: ogni volta che abbiamo deciso di fare qualcosa, poi ne siamo sempre stati felici. Richiamai Manzella e accettai. L'aspirazione giovanile era la mia, ma la spinta finale era arrivata proprio da Maria Luisa.

Anche al Cnel andò come diceva lei, non mi sono affatto pentito di aver detto di sì. Sono stato presidente dal giugno del 1989 al giugno del 2000, anche qui attraversando epoche diverse: dagli ultimi mesi di vita del Muro di Berlino all'inizio dell'era di Vladimir Putin, dalla prima alla seconda Repubblica passando per tutta la stagione di Mani pulite. Difficile immaginare cambiamenti più radicali nel mondo e in Italia. Per me sono stati dieci anni belli, soprattutto i primi cinque in cui, onestamente, riportammo in vita una struttura in disarmo (per anni Campilli iniziava la seduta d'assemblea con la frase: «Chi c'è da commemorare oggi?»).

Quando arrivai, il Cnel andava avanti in prorogatio da anni, i consiglieri erano tutti molto anziani, sostanzialmente si inventavano commissioni di studio di ogni genere con l'unico obiettivo di darsi un gettone di presenza. Per questo la prima cosa che feci fu proprio eliminare i gettoni di presenza. Poi cominciammo a lavorare con i nuovi consiglieri, tutti nomi di ottimo livello, oggi impensabili per il Cnel: da Innocenzo Cipolletta a Luigi Abete, da Guglielmo Epifani a Gian Maria Gros-Pietro, da Gabriele Cagliari a Franco Nobili, da Franzo Grande Stevens a Franco Marini, da Renato Brunetta a Franco Reviglio fino a Romano Prodi. Un rinnovamento per il quale bisognava ringraziare Ciriaco De Mita e Gianni De Michelis, perché l'operazione la fecero loro due. E che venne poi sostenuto dai due attivi vicepresidenti, Paolo Annibaldi per la Confindustria e Franco Bentivogli per il sindacato.

Eliminati i gettoni e cambiati i consiglieri, restava però il problema di fondo del Cnel: la sua tradizione e la sua logica era quella di scrivere pareri. Pareri su qualsiasi cosa perché il Cnel era ed è un organo consultivo del governo. Il punto è che scrivere un parere a Villa Lubin era un esercizio inutile perché metà del testo se lo prendeva Confindustria, l'altra metà se la prendeva il sindacato. E alla fine veniva fuori un documento che diceva tutto e il contrario di tutto. Ricordo che il mio predecessore, Storti, mi suggeriva di portare i pareri direttamente in Assemblea provando a scardinare quella logica della spartizione dei testi che di fatto bloccava tutto. Ma io decisi di prendere una strada più radicale: smettemmo di dare pareri che tanto nessuno avrebbe letto, in dieci anni ne avremo fatti due o tre, giusto per salvare le forme. E ci concentrammo su due temi.

Il primo era allargare la rappresentanza, far entrare nel Cnel tutte le categorie di lavoratori che stavano cercando un «luogo» in cui far valere i loro diritti. In Parlamento erano ferme centodieci richieste per riconoscere nuove professioni, che non avevano un loro albo: dal logopedista al consulente finanziario, dallo stilista al restauratore. Creammo per loro una consulta delle nuove professioni – affiancata, per ragioni di equilibrio, da una consulta degli ordini professionali, che invece un loro albo lo avevano già.

Il secondo tema su cui decidemmo di puntare fu il territorio: andare per territori, cercare nuovi territori, studiare i territori. Cosa che naturalmente era ben vista sia dal sindacato sia dalle associazioni imprenditoriali perché si andava a parlare con le loro federazioni regionali, e quindi c'era una logica di valorizzazione delle classi dirigenti locali. Fu proprio questo tema a portarci all'invenzione dei patti territoriali, forse il risultato più importante di quei dieci anni al Cnel. Le cose andarono così.

Nel 1993 Beniamino Andreatta, ministro del Bilancio del governo Amato, annunciò la chiusura della Cassa per il Mezzogiorno. Due settimane dopo tale annuncio, organizzammo al Cnel insieme ad Aldo Bonomi un convegno che aveva un titolo un po' polemico nei confronti della fine della Cassa: «Il Sud che ce la fa da solo». Arrivarono decine di persone entusiaste di questa idea del Meridione che reagiva con un'energia propria. Anche perché, diciamoci la verità, la Cassa non era mai stata amata nel Mezzogiorno: troppi soldi, troppo potere a chi li gestiva, troppa arroganza. E invece quel convegno fece scattare una molla in tante persone del Sud: siamo qui perché vogliamo fare da noi.

I patti territoriali nacquero dentro questa logica di passaggio dall'assistenzialismo all'autopropulsione. E prendevano lo spunto da una constatazione semplice: perché in tutto il Nord ci sono tante realtà rampanti, distretti produttivi in grado di sostenere l'intera economia locale, mentre al Sud questo non avviene?

I patti territoriali furono il tentativo di innescare artificialmente una crescita di nuovi distretti che però non venivano programmati e calati dall'alto ma nascevano dal basso. E si contrapponevano sia alla visione della Cassa per il Mezzogiorno sia alla logica del tessuto economico del Nord Italia, focalizzato solo sul triangolo Torino-Milano-Genova. Noi facevamo sedere attorno al tavolo tutti i soggetti che nei vari territori avevano voce in capitolo: associazioni degli imprenditori, sindacati, amministratori locali, rappresentanti delle professioni e della società, lasciando a noi Cnel un ruolo di facilitatore.

Ricordo in particolare il patto per il Cilento, uno dei più interessanti fra quelli che portammo fino in fondo grazie anche alla presenza di una classe dirigente locale di ottimo livello. Al momento della firma si presentò addirittura il vescovo: «Questa è la mia gente e io firmo con loro». Fu commovente. Ma era proprio questo lo spirito dei patti: dovevamo dare l'idea che si trattasse di un impegno collettivo di sviluppo del loro territorio.

I primi patti erano nati proprio dalle persone che erano venute al convegno del Cnel organizzato in risposta alla fine della Cassa per il Mezzogiorno. Poi girammo parecchio: Brindisi, Palermo, Pescara e arrivammo a firmare una ventina di intese di grande spirito vitale; fu il momento più alto dell'esperienza ma anche l'inizio della fine.

Da una parte perché, al Cnel, i patti erano sentiti come una battaglia del presidente e dei suoi uomini, con qualche frattura interna; ma soprattutto perché i patti suscitarono una certa gelosia da parte della politica. Ricordo una volta Paolo Cirino Pomicino, ministro del Bilancio, circondato al Cnel da tutti i leader sindacali venuti a firmare un patto: «Se volete continuare a far chiacchiere,» disse «venite pure qui. Se volete i soldi, venite invece da me».

Il clima era questo. Chi sembrava interessato a salvare i patti fu Giancarlo Pagliarini, primo leghista a diventare ministro del Bilancio con il governo Berlusconi del 1994. Dimostrò di comprenderne la logica di autopropulsione, forse avrebbe fatto qualcosa. La Lega delle origini aveva una considerazione alta dei territori e della necessità di stimolare dal basso l'attività economica piuttosto che pianificarla dall'alto. Ma restò al ministero del Bilancio troppo poco tempo per poter incidere. Dopo di lui, con il governo Dini, arrivò Rainer Masera, che pure era un amico ma non sembrava convinto e me lo fece capire.

A far precipitare le cose, in realtà, fu il fatto che il nostro attivismo modificava consolidate abitudini di governo. Fino ad allora gli aiuti alle aree depresse erano stati gestiti dalla Cassa per il Mezzogiorno sotto il controllo del ministero del Bilancio. I nostri patti territoriali venivano portati invece all'attenzione del Cipe, il Comitato interministeriale per la programmazione economica, e quindi a Palazzo Chigi.

A un certo punto un pezzo del Pds, l'ex Partito comunista, uscì allo scoperto con l'intenzione di affossare i patti. E questo perché, dicevano, «non possiamo regalare il Mezzogiorno a De Rita», la «questione deve essere gestita dal ministero del Bilancio dove abbiamo due nostri sottosegretari» (Isaia Sales e Giorgio Macciotta) e un tecnico di grande valenza (Fabrizio Barca).

Io provai a resistere e andai da Carlo Azeglio Ciampi, all'epoca ministro del Tesoro. Era un giorno per me difficilissimo perché mia moglie era in coma farmacologico e io avevo la testa da un'altra parte. Comunque gli dissi: «Guarda, oggi pomeriggio il Cipe decide cosa fare dei patti territoriali, se lasciarli al Cnel o portarli al Tesoro». Lui mi fece: «Ma è roba tua?». Certo che era roba mia, l'avevo fatta io dall'inizio alla fine. «Se è roba tua non si tocca, stai tranquillo.» Naturalmente andò al contrario; i patti territoriali furono dati al Tesoro e uscirono dal controllo del Cnel.

La verità è che in quel momento Ciampi pensava solo al Bund tedesco, ogni tanto tirava fuori dei foglietti per controllare come andava. Per carità, faceva bene perché il momento era drammatico e richiedeva tutta la sua attenzione. Ma le altre cose non gli interessavano proprio e forse questo è stato un suo limite. Anche perché a supporto di quella scelta arrivò un misterioso parere della Corte dei Conti, credo coinvolta in via amicale: sosteneva che le erogazioni pubbliche andassero ascritte a organizzazioni di spesa e non a organizzazioni di consulenza, come il Cnel. Ma noi non spendevamo una lira, favorivamo solo l'impegno comune tra le parti. E poi si dimenticava una cosa fondamentale: i patti funzionavano perché a monte c'erano decine di riunioni di preparazione in cui si decideva quali progetti realizzare, cose concrete, non filosofia. Era l'istruttoria la parte più importante, non la delibera finale. Ma con l'uscita del Cnel e la conseguente fine di una logica di autopropulsione, i patti territoriali diventarono solo oggetto di delibere calate dall'alto con una radice quadrata di due pagine (non erano ancora di moda gli algoritmi) in cui non si capiva nulla.

La verità è che in questo Paese vanno solo le cose in cui credi. Può darsi che i patti fossero una follia, ma noi ci credevamo e per questo andarono bene fino a quando non decisero di soffocarli per ragione politiche. Mentre diverso fu il discorso su un altro momento storico della nostra prima consiliatura, quando durante il primo governo Amato proprio Giuliano mi chiese di istruire i quattro decreti delegati della Legge Finanziaria. Non pareri, ma decreti, una cosa mai successa al Cnel. Erano sulla previdenza, sulla finanza locale, sulla sanità e sul pubblico impiego. In sostanza preparammo il documento sul nuovo patto sociale che poi il ministro del Lavoro, Gino Giugni, riprese proprio con Ciampi.

Anche lì fu necessario crederci. E forse a crederci più di tutti fu Armando Sarti, un grande capo comunista di Bologna, un alto dirigente delle cooperative, che quasi per caso era arrivato al Cnel: è stato il miglior consigliere che abbia mai avuto.

Da una parte mi copriva con i comunisti, visto che il segretario della Cgil, Sergio Cofferati, non era poi così convinto del mio nome e della mia attività. Dall'altra era il bolognese potente, quello che aveva fatto tutto nella vita, sapeva tutto, parlava con tutti, andava dovunque. Fece lui le trattative sulle fondazioni bancarie in tandem con Giuseppe Guzzetti – allora senatore Dc, poi presidente della Fondazione Cariplo.

La seconda consiliatura, dal 1995 in poi, è stata meno interessante. Un po' perché la sconfitta sui patti territoriali ci aveva segnato. Un po' perché, con l'inizio della seconda Repubblica, la politica voleva tenere per sé il monopolio di tutte le decisioni, si era rimodulata in senso personalistico e di conseguenza aveva meno punti di contatto con la società e l'economia. Facemmo comunque delle cose importanti, come l'accordo con la Ragioneria generale dello Stato e il Dipartimento del Tesoro per la misurazione dell'attività amministrativa. Una verifica ministero per ministero che va avanti ancora adesso, con un comitato apposito che allora aveva a capo Manin Carabba.

Gli ultimi mesi del Cnel, però, vennero segnati da una brutta esperienza. Quando venni nominato, il segretario generale era Nino Valentino, già segretario di Giovanni Leone al Quirinale, un uomo di autentica nomenclatura romana. Valentino morì mentre io ero presidente e a quel punto promuovemmo il suo vice, Domenico De Sossi, che io conoscevo bene perché più di venti anni prima aveva assistito al colloquio con il presidente Pietro Campilli che aveva portato alla nascita del Rapporto Censis. Anche il suo mandato finì e i sindacati, che lui sapeva ben coltivare, mi chiesero di prorogarlo. Per principio ero contrario alle proroghe, di solito portano a un calo della motivazione e in un primo momento avevo pensato a Michele Dau, allora collaboratore di Romano Prodi a Palazzo Chigi. Ma alla fine cambiai idea e credo che Romano me l'abbia sempre rimproverato. Decisi infatti di fare una scelta di trasparenza. Il mio mandato sarebbe finito poco tempo dopo, il segretario generale aveva un ruolo chiave nel Cnel, non volevo segnare la strada di chi sarebbe arrivato dopo di me. E allora pensai: «Questo è un posto da grand commis, vado dal presidente della Repubblica e gli chiedo se ha un nome». Ne parlai con il segretario generale Gaetano Gifuni e lui mi propose Carlo Pinzani, un funzionario del Senato che allora non conoscevo. Mi fidai ma feci comunque le mie verifiche con due persone amiche, Giuliano Amato e Francesco Cossiga. Me ne parlarono benissimo: «È bravo, è intelligente, è fedele. La meraviglia delle meraviglie. Meglio di così non ti poteva andare». Confortato dal loro parere, mi presi questo gentile signore che qualche giorno dopo fece un accordo sottobanco con una parte dei sindacati.

Mi arrabbiai parecchio e conservo ancora la lettera che in proposito scrissi al mio amico Massimo D'Antona, mio riferimento al ministero del Lavoro, che dopo pochi anni sarebbe stato ucciso dalle Brigate rosse. Mi rispose che c'erano gli estremi per una richiesta di dimissioni, ma alla fine lasciai perdere, non valeva la pena di mettersi contro il Quirinale, per di più vicino alla fine del mandato. Ma ancora oggi non mi capacito di come Amato e Cossiga potessero avere un giudizio così positivo su quel personaggio. La sua prima azione, quando andai via, fu di recarsi a Palazzo Chigi, per chiedere e ottenere per il mio successore il raddoppio dell'indennità, da ottantamila a centosessantamila euro l'anno.

Da allora per il Cnel è cominciato un lungo declino. Credo tuttavia che sul suo funzionamento ci sia un malinteso di fondo. Si tratta di una struttura a forte vocazione presidenziale: se non c'è un presidente forte, che fa sentire il suo impulso, che ha una sua idea del Cnel, una sua strategia, il Cnel non esiste. Che sia un organo collegiale è una pura finzione, perché il suo funzionamento è a somma zero: uno dice una cosa, l'altro dice il contrario e alla fine tutto si annulla, come nei pareri di una volta. I miei due successori, Pietro Larizza e Antonio Marzano, pur nella loro differenza di qualità umana e culturale, non avevano il gusto della leadership.

Tiziano Treu ha ottenuto risultati migliori perché conosceva il mestiere e in qualche modo ha messo se stesso al servizio del Cnel, non il Cnel al servizio del presidente. Adesso Renato Brunetta, che ha ambizioni da leader, si è lanciato sul tema del lavoro nelle carceri, che può sembrare una follia e forse lo è. Però è un'idea, un tentativo di trovare un senso nuovo a una struttura che altrimenti rischia di rinsecchirsi. Non credo comunque che il Cnel vada abolito, come molti sostengono; ma solo a condizione che quando si tratta di nominare il presidente si abbia il coraggio di scegliere un leader vero.

6
I tanti no alla politica (e quei 25 voti per il Quirinale)

Ero al primo anno di giurisprudenza. Appena entrato nella città universitaria della Sapienza mi viene incontro Paolo Cabras, caro amico d'infanzia, figlio del mio maestro elementare. «Vieni, vieni, ti faccio vedere una cosa» mi dice, e mi porta verso la Facoltà di lettere. Saliamo le scale, arriviamo in fondo al corridoio, entriamo nell'aula principale: una confusione incredibile. Chi urla, chi si alza, chi chiede la parola, chi propone una mozione, chi una contro mozione. Era un'assemblea studentesca e a guidarla era un giovane Marco Pannella, perfettamente a suo agio nella parte. Me ne andai poco dopo, tra lo spaventato e l'inorridito.

Anni dopo lo dissi a Pannella: devo a te il fatto di non aver mai fatto politica, quell'esperienza mi ha vaccinato. Lui rise parecchio, mi rispose che la confusione fa parte del gioco ma che la sostanza della politica è altra, è incidere nella realtà delle cose. Sarà. In ogni caso quei pochi minuti di assemblea studentesca sono bastati per produrre in me un effetto duraturo. Non voglio gloriarmi, non avrebbe senso e non mi interessa nemmeno, ma poi di no alla politica ne ho detti diversi. E non mi sono mai pentito.

Il primo fu nell'estate del 1987 a Giovanni Goria, presidente del Consiglio. Mi aveva proposto di fare il ministro per gli Affari sociali. Ero tentato, dentro di me risuonavano ancora le parole di Sebregondi che proprio in quel ministero aveva visto l'approdo finale del percorso che avevamo cominciato insieme alla Svimez. E poi quel ruolo era stato immaginato con poteri di coordinamento dei ministeri sociali, quasi allo stesso livello di un vicepresidente del Consiglio. Ma l'ultimo giorno prima di andare in vacanza Gianni, con il quale c'era un rapporto di grande affetto, mi richiamò: «Senti, sto andando dal presidente. Allora abbiamo deciso che mi fai il ministro del Mezzogiorno».

«Ma come? No, no» rifiutai. Era successo che agli Affari sociali doveva andare Rosa Russo Iervolino, perché voleva farlo lei, perché il mondo del volontariato aveva indicato il suo nome, insomma quelle cose strane che succedono quando si fanno le liste dei ministri. Goria provò a insistere: «Allora facciamo così, il Mezzogiorno lo lascio in sospeso. Mi prendo l'interim, poi a settembre ne riparliamo. Guarda che ci tengo». Poi a settembre si scatenò l'inferno contro il suo governo che dovette limitarsi a presentare la Finanziaria e passare le consegne a De Mita. E non se ne fece nulla.

Subito dopo arrivò proprio il governo di Ciriaco De Mita. In realtà lui non mi chiese mai di entrare in politica. Anzi, teneva le distanze anche in maniera ruvida: «Io non posso aspettare che tu mi spieghi le cose. Ho da gestire il primato della politica e la politica deve capire prima di te non dopo di te. Quindi non rompere le scatole, non mi spiegare sempre tutto, fammi decidere da politico». Il vero rapporto diretto, in realtà, lo avevo con il suo caposegreteria, Riccardo Misasi. Per il resto rigida separazione delle funzioni: De Mita politico, io in un gruppo di consulenti insieme a Giuliano Graziosi, Alberto Zuliani, Roberto Ruffilli. L'unico effetto fu che, quando Ruffilli fu ucciso dalle Brigate rosse, fui messo sotto scorta, per prudenza.

Forse, nella sua rigidità, De Mita non mi aveva perdonato un episodio di quando era «solo» segretario della Dc. Alla fine di una lunga serata passata a discutere nella sua stanza a piazza del Gesù sul programma elettorale del partito, mi trovai a dire che gli elettori non avrebbero sopportato la proposta, prospettata da Nino Andreatta, di una imposta patrimoniale all'anno per tre anni. Finii in minoranza, insieme proprio a Misasi e Ruffilli, che però mi chiesero di insistere. A quel punto mi lanciai in una frase forse troppo irridente: «L'appoggio di Confindustria vi leva un punto e mezzo, l'appoggio di Eugenio Scalfari un altro punto e mezzo. Se confermate questa ipotesi ne perderete altri tre». Andò proprio così e, per qualche settimana, non ebbi il coraggio di farmi vedere a piazza del Gesù.

Un episodio per alcuni versi simile mi capitò quando partecipai a una riunione al Circolo degli esteri per definire la posizione italiana sul Trattato di Maastricht. Espressi i miei dubbi, le mie riserve. E per questo venni subito catalogato come il leader del «Partito danese», perché in quei mesi la Danimarca era il Paese più perplesso sull'adesione ai nuovi trattati. Un'offesa insopportabile per me che tanti anni prima avevo fatto per Sebregondi lo sherpa nella trattativa per i Trattati di Roma del 1957.

La Democrazia cristiana è senza dubbio il partito che ho conosciuto più da vicino e che ho frequentato di più. Non sono mai stato uno «organico» o un iscritto, ma credo sia stata la più grande esperienza politica della storia italiana. Noi adesso lo vediamo come un partito un po' di antica storia, fatto da un trentino avanti con gli anni e garantito da un pezzo della segreteria di Stato vaticana. E invece è stata una grandissima esperienza di rappresentanza: la Dc ha rappresentato la cultura media italiana, il mondo ecclesiastico, ma anche le realtà nuove del dopoguerra, attraverso la Coldiretti e i maestri cattolici. Ha avuto il grande merito di schierare l'Italia dalla parte degli Stati Uniti: non so cosa sarebbe successo se le cose fossero andate in un altro modo. E poi, a differenza di quanto era avvenuto negli anni precedenti, è stata un argine contro le interferenze esterne, massoniche o plutocratiche che fossero. Con i portatori di questi interessi la Dc si è confrontata, ha dialogato, in parte li ha passivamente sopportati ma non ha permesso che nella politica italiana ci fosse un ruolo vero della massoneria o delle banche internazionali.

C'è poi un altro aspetto che mi sembra fondamentale. La Dc è stata una vera scuola di formazione politica, dove si andava avanti per gradi: all'inizio facevi il consigliere comunale, poi se andava bene l'assessore comunale, dopo ancora l'assessore provinciale e magari il presidente della provincia. Solo a quel punto, quando alle spalle avevi una storia, potevi arrivare in Parlamento. Nicola Signorello non era solo l'uomo di Andreotti, ma era stato consigliere comunale, presidente della provincia di Roma, sindaco di Roma. Sapeva fare politica perché era andato a scuola di politica. Oggi arrivi al vertice senza aver passato neanche un'ora in un consiglio di quartiere.

Così come De Mita neanche Bettino Craxi mi chiese mai un impegno diretto. E anche in questo caso il rapporto più stretto lo avevo con il suo caposegreteria Gennaro Acquaviva, che non a caso fa ancora parte del nostro consiglio al Censis. Fu Gennaro a farmi coltivare il rapporto con Craxi, portandomi da lui ogni inizio di dicembre per illustrargli il nostro Rapporto prima della presentazione ufficiale.

Ricordo quello del 1978, Aldo Moro era stato ucciso da pochi mesi. Volevo spiegargli la mia teoria: le Brigate rosse avevano colpito Moro come cuore dello Stato ma non si erano accorte che il cuore dello Stato non esisteva. Anzi, non esisteva neppure lo Stato. Non gli interessò affatto, anzi cambiò subito discorso: «De Rita, vedo che lei invece valorizza le realtà locali».

Gli andai dietro: «Certo, il localismo è la nostra arma. Abbiamo ottanta distretti che vanno benissimo...».

«De Rita, lei è sicuro di quello che dice? Perché se è così io ci faccio l'onda lunga della mia politica economica.» E in effetti per qualche tempo fu così. Poi nella sua agenda il localismo lasciò il posto ad altri temi. Doveva «rubare» idee altrove, come mi diceva Acquaviva. Ma mi colpì molto quel suo istinto di cavalcare i fenomeni che arrivavano, non quelli in esaurimento.

Chi davvero provò a convincermi a «scendere in campo» fu Romano Prodi al quale ero e sono legato da una profonda amicizia. Mi chiamò il giorno stesso in cui fondò l'Ulivo: «Giuseppe, sto uscendo adesso dallo studio di piazza di Spagna. Ce l'hai cinque minuti?». All'epoca ero presidente del Cnel, gli dissi di passare da me, eravamo vicini. «No, no, meglio vedersi per strada. Ti aspetto qui a piazza di Spagna, facciamo a mezzogiorno e mezzo?»

Lo raggiunsi, girammo un'ora e mezzo per il centro di Roma. Avevo paura che ci vedesse qualche giornalista perché eravamo in una zona dove ne giravano tanti, non lontani dalla Camera e da Palazzo Chigi. Ma nessuno ci pizzicò.

«Io entro in politica. Fammi il favore, andiamo insieme» mi disse.

Io provai a prenderla alla larga: «Sono stato appena rinnovato al Cnel, è un lavoro che devo finire...». Ma lui insisteva. Allora andai dritto: «Romano, personalmente non ce la faccio a pensarmi politico, già ti ci vedo poco a te. E poi come coppia non credo che funzionerebbe». Lui all'inizio si spazientì, il nostro rapporto si raffreddò. Ma negli anni abbiamo recuperato alla grande e nella successiva comune vedovanza siamo stati molto vicini, molto affettuosi.

Ci eravamo conosciuti a Venezia all'inizio degli anni Ottanta, quando eravamo tutti e due nel comitato scientifico di Palazzo Grassi, allora gestito dalla Fiat. E poi ci incrociavamo in giro a fare conferenze. Io per arricchire i miei contatti e vendere saponette, come dicevano i maligni, lui perché aveva proprio la passione di discutere, di spiegare. Eravamo due localisti convinti, avemmo discussioni feroci con l'ideologo della Lega, Gianfranco Miglio, che teorizzava la secessione della Padania. Una volta a Treviso arrivammo quasi all'insulto, io e Romano da una parte, lui dall'altra. Sono esperienze che cementano un'amicizia.

Tra i miei no alla politica c'è stato anche Berlusconi, due volte. La prima nel 1994, tutto sommato rapida e indolore. Mi fece chiamare e mi disse, diretto: «Mi fai il ministro del Lavoro? Ne ho bisogno». Io gli dissi che non me la sentivo, il ministero del Lavoro non era materia mia. Anche lì c'era un altro candidato, non ricordo bene chi fosse. «Se hai già un nome, fallo fare a lui.» Berlusconi non insistette più di tanto, mi chiese però di dargli un capo della segreteria, perché in quel momento Forza Italia non era ancora strutturata. Alla fine, al ministero del Lavoro fu nominato Clemente Mastella, con un dirigente Censis a capo della segreteria tecnica.

Ci riprovò qualche anno più tardi, quando si stavano avvicinando le elezioni del 2001. Avevo appena finito il mio secondo mandato al Cnel, la mia segretaria mi disse: «Hanno chiamato da Palazzo Grazioli. Chiedono se, per favore, va dal Cavaliere domani a mezzogiorno». Andai in via del Plebiscito con una certa curiosità. Ricordo che c'era una grande manifestazione degli insegnanti, un casino infernale. Salii su, mi aprì lui, in tuta: «Scusa se sono vestito così, ma devo fare gli esercizi. Entra pure, ti presento il più grande oncologo d'Italia». Non ho mai saputo chi fosse, poteva essere anche una controfigura. Andammo in un'altra stanza dove trovai seduto Gianni Letta.

«Be', che mi devi dire?» feci a Berlusconi.

«Ieri sera noi abbiamo deciso che fai tu il capo della coalizione elettorale.»

«Ma abbiamo deciso chi?» ribattei.

«Tutto il nostro gruppo, c'è qui Gianni che te lo può confermare.»

Letta taceva. Allora mi feci coraggio, perché non era facile fermare Berlusconi quando si metteva qualcosa in testa. «Guarda, ti ringrazio, ma non credo sia il caso.»

«Perché no?» disse lui provando a blandirmi.

«Perché ho più di settantacinque anni, e la mia sarebbe la candidatura di un vecchio, mentre dall'altra parte ci sarà Rutelli, molto più giovane e aggressivo. In secondo luogo sono uno che ha cominciato a lavorare nel '55, magari più intelligente degli altri, ma nel tam-tam politico appartengo a un'altra generazione, sono uno "superato". E infine sono un conservatore quasi reazionario: se dovessi impegnarmi per qualcosa sarebbe ordine, legalità e giustizia.»

Lui mi fa: «Le stesse cose che ha detto Gianni! Vi eravate messi d'accordo?».

«No, guarda, io e Gianni non ci siamo parlati. Significa che siamo tutti e due amici tuoi e che si tratta di una valutazione ragionevole.»

Lui fece un po' di scene, ma poi mi congedò dicendo: «Ne riparliamo a settembre».

Per sganciarmi dissi, scherzando: «Senti Silvio, ma se avevate tutta questa ansia di avermi con voi, perché qualche mese fa non mi avete votato per la presidenza della Repubblica?». Lui, con fare solenne, mi mise una mano sulla spalla: «Tu sai che eri il nostro vero candidato. Ma abbiamo aspettato il momento giusto».

«A 'mpunito» gli feci io, come si dice a Roma.

Al Quirinale non sono andato e quindi non vorrei sembrare come la volpe davanti all'uva. Ma è stata una grande fortuna che sia andata così. Avrei avuto una paura fottuta. Quando finì il mandato di Francesco Cossiga, ricordo che dissi a Pietro Longo, allora segretario del Psdi: «Ma perché non eleggete Leopoldo Elia? È stato presidente della Corte costituzionale, della commissione Affari costituzionali, è un uomo di spessore e di grande saggezza...».

Longo mi disse: «No, non è uno dei nostri, non

ha il linguaggio nostro, non parla e ragiona come noi». E aveva ragione.

I partiti politici sono una tribù ed è con una logica da tribù che assegnano al presidente della Repubblica la funzione di regolatore del sistema. Per saper svolgere questo ruolo di taratura continua bisogna essere dentro la cultura del mondo politico, conoscerne gli atteggiamenti, essere abituati alla dinamica dei rapporti amicali. Tutti i presidenti della Repubblica hanno fatto parte della tribù. Tutti tranne Ciampi, che però aveva un'altra storia. Lui se ne poteva fregare e, se aveva un problema politico, scantonava.

Sergio Mattarella, forse il migliore dei presidenti in assoluto, la tribù la conosce benissimo. È di una bravura eccezionale non solo per quello che appare, cioè il rapporto con la gente, la semplicità, il modo di parlare. Ma perché conosce il codice di comportamento della politica. «Se non vi mettete d'accordo, metto tutto in mano a Cottarelli», tanto per fare un esempio. Io non sarei stato in grado di fare una cosa del genere. Eppure, al primo scrutinio della votazione che nel 2006 portò al Quirinale Giorgio Napolitano, presi 25 voti. La storia è molto divertente.

Piero Fassino, allora segretario dei Ds, si era illuso di far eleggere Giuliano Amato capo dello Stato. E, se Amato non fosse passato, di puntare su di me come piano B. Ma non si era reso conto che il suo partito gli avrebbe detto «manco per niente» su tutta la linea, sottolineando che i Popolari avevano Marini presidente del Senato, quelli dell'Ulivo Prodi come premier e Rifondazione Bertinotti presidente della Camera. «Gli unici che non hanno niente siamo noi Ds. Vogliamo quindi un presidente comunista», cioè Napolitano.

Alla terza votazione, però, arrivarono 25 voti per me e Napolitano si arrabbiò tantissimo. Chiamò Fassino e lo accusò di continuare a manovrare. Fassino cadde dalle nuvole: «Giorgio, no, assolutamente. Mi informerò, ma questi non sono voti che ho gestito io». Gli ritelefonò dopo qualche ora: «Senti, mi dicono che quei voti sono di Mastella». Allora Napolitano chiamò Mastella, riversando su di lui l'accusa di manovratore occulto. Mastella, me lo ha raccontato lui stesso, si mise a ridere: «Giorgio, non ti preoccupare, volevo soltanto contare i voti miei. Adesso li ho contati e sono a posto così». Quindi, grazie a Mastella che voleva contare i suoi uomini, posso dire che sono stato votato anche per fare il presidente della Repubblica.

7
Il «Corriere della Sera» e quel rapporto (oscurato) dalla Rai

Nel 1978 cominciai a collaborare con il «Corriere della Sera». Erano gli anni in cui cavalcavo l'onda dell'economia sommersa, del piccolo è bello, del localismo. E andavo in giro a parlarne per convegni perché, essendo idee controcorrente, bisognava darsi da fare per sostenerle e farle passare nell'opinione pubblica.

Il posto dove questi temi venivano più osteggiati era il Forum Ambrosetti di Cernobbio. Il padrone di casa, Alfredo Ambrosetti, ascoltava molto i rappresentanti della grande industria, da Mario Schimberni a Cesare Romiti, che non erano certo sulla mia linea. E ci teneva a farlo sapere.

Eppure fu proprio a Cernobbio che mi avvicinò Alberto Mucci, allora vicedirettore del «Corriere» e responsabile della sezione economica. Chiese a me, Romano Prodi e Beniamino Andreatta, tutti e tre del panel fisso di Ambrosetti, se volevamo scrivere per il suo giornale. Aveva già accennato la cosa al direttore, che allora era Franco Di Bella.

Andreatta disse subito di no perché non amava scrivere sui giornali, non era quello il suo mondo. Io e Romano, invece, accettammo di buon grado ed entrammo al «Corriere» praticamente insieme. Non era un periodo semplice: gli Anni di piombo erano entrati nella loro fase più violenta con il rapimento e l'uccisione di Aldo Moro; Giovanni Leone si dimetteva da presidente della Repubblica sull'onda dello scandalo Lockheed; morirono due papi, Paolo VI e, dopo soli trentatré giorni di pontificato, anche Giovanni Paolo I. Era anche un'epoca di grandi cordate e gruppi di potere. Ma nei miei quasi cinquant'anni di collaborazione con via Solferino ho sempre avuto una vita laterale rispetto al cuore del giornale: se avevo qualcosa da dire lo scrivevo, altrimenti restavo tranquillamente in silenzio.

Non mi sono mai considerato uno organico, uno della casa. E con tutti i direttori, simpatici o antipatici che fossero, ho navigato a vista: nessuno mi ha mai considerato parte del suo disegno, né sono stato parte di una qualche struttura oligarchica interna. Ho avuto una grande consonanza con Ferruccio de Bortoli, questo sì, una grande amicizia con Paolo Mieli. Ma non mi sono mai immedesimato con uno dei direttori, con una linea editoriale e nemmeno con il giornale. Sono rimasto un battitore libero. Per scelta e, mi viene da dire, anche per fortuna, perché in via Solferino di gruppi dirigenti ne ho visti passare davvero tanti.

Sulle cose che ho scritto non c'è mai stato un problema. Nemmeno sui temi che mi stavano più a cuore – come appunto il piccolo è bello, il localismo e il sommerso – che non erano in linea con la grande industria e quindi, specie in alcuni periodi storici, con la proprietà del giornale. Del resto Agnelli, Schimberni e Romiti potevano premere su Ambrosetti, sulle vicende della composizione del panel, rimasto però fisso per dieci anni con Andreatta, Prodi, Alberoni, De Rita e Umberto Colombo; mentre sul «Corriere» non erano in grado di porre veti.

Nei primi anni della mia collaborazione, tuttavia, ci fu un momento di crisi. Dopo le dimissioni di Franco Di Bella, coinvolto nell'inchiesta sulla P2, arrivò come direttore Alberto Cavallari. Non mi conosceva, forse non sapeva neppure bene chi fossi e soprattutto mal sopportava il fatto che sul giornale scrivessero i collaboratori esterni. Per questo impose che i miei pezzi avessero in testa la dicitura «Roma» e poi la data: come se fossi una specie di corrispondente dalla capitale, non un commentatore. Chiesi spiegazioni ma non ne ottenni. E allora decisi di parcheggiarmi per qualche mese.

Smisi di scrivere sul «Corriere», anche se tutti mi dicevano che il «Corriere» non si lascia perché è un brand che devi mantenere senza alternative. In modo informale, senza un vero contratto, cominciai a pubblicare qualche intervento sul «Sole 24 Ore», ma l'autoesilio durò circa un anno e finì quando andò via Cavallari, sostituito da Piero Ostellino.

Ricordo che quando scrissi il mio primo articolo, dal titolo *Lavoro indipendente, crescita controcorrente*, feci una specie di voto di castità che poi ho sempre rispettato: nei miei interventi non avrei mai citato il Censis, mai scritto «come dice il Censis» oppure «facendo seguito a un nostro lavoro del Censis». In parte è stato un peccato d'orgoglio, perché ha tolto qualcosa a me e soprattutto al Censis che non ha sfruttato la risonanza e l'abbrivio mediatico del primo quotidiano d'Italia. Ma ne avevo fatto una questione di principio, come se ci fosse una sorta di separazione delle carriere. Anche per questo la collaborazione con il «Corriere» non portò grandi cambiamenti all'immagine del Censis. Dal punto di vista della notorietà, i passaggi decisivi erano stati altri due: il primo articolo su di noi scritto sul «Giorno» da Nanni Cervigni, a metà degli anni Sessanta; e la prima citazione televisiva di Ugo La Malfa che commentò uno dei nostri primi Rapporti: «Dovete leggerlo, descrive una situazione drammatica».

Dopo quei due episodi è stata proprio la presentazione del nostro Rapporto, anno dopo anno, a far crescere il nome del Censis. Ma non abbiamo mai avuto una propensione a entrare nel gioco dell'opinione. Anzi, io sostengo che proprio l'opinione sia il nostro nemico numero uno, perché ci allontana dai fatti e dalla loro analisi, che devono essere invece il nostro campo di lavoro. Oggi tutti scrivono un po' di tutto, resti affogato in una specie di brodaglia indistinta. Una volta, specialmente negli anni Settanta, quando scrivevi una cosa piantavi un paletto nel campo dell'opinione pubblica, potevi orientare il dibattito. Oggi fai un peto nel vento.

Non voglio apparire un nostalgico dei bei tempi andati, ma negli anni Cinquanta e Sessanta c'erano intellettuali veri come Vittorio Gorresio (alla «Stampa» sempre a difesa dell'establishment pre-agnelliano, cioè di Valletta e di Gioia) o Enzo Forcella che aveva una visione opposta. Poi magari Gorresio esagerava, facendo politica in prima linea come quando guidò la rivolta della Fiat contro la «scalata» di Amintore Fanfani alla presidenza della Repubblica, battagliando decisamente con il gruppo che intorno a Umberto Agnelli aveva ispirato l'operazione. Ma erano comunque degli intellettuali oligarchi, lasciavano il segno. Oggi «in pagina» ne sono rimasti pochi, da Paolo Mieli a Ernesto Galli Della Loggia.

Sembrerà stravagante dopo quanto ho appena detto, ma il mio articolo sul «Corriere» che fece più discutere, con il Censis e il mio lavoro non c'entra proprio nulla. Uscì il 7 aprile del 2005, pochi giorni dopo la morte di Giovanni Paolo II, con il titolo *La metafora di San Pietro. La solidità della Chiesa, il carisma di un Papa.* Era un pezzo un po' rabbioso nei confronti della retorica del «santo subito», contro la personificazione del Pontefice e l'atmosfera dominante da fine di un'era che si respirava in quei giorni. L'articolo cominciava così: «Ero in piazza San Pietro sabato scorso quando il Papa è spirato. Ero affascinato dal pienone di gente, dalla coralità della recita del rosario (...) ma ero affascinato soprattutto (...) dalla valenza significante della facciata della basilica e del colonnato berniniano». In piazza quella paura che tutto finisse di cui molti parlavano non l'avevo sentita proprio. La Chiesa era ancora lì, così come il colonnato del Bernini aperto ai fedeli e sempre inclusivo.

Quell'articolo venne interpretato come il manifesto di chi pensava «la Chiesa è molto di più del Papa» mentre invece in quegli anni Giovanni Paolo II era il grande Pontefice carismatico che aveva fatto la storia e contribuito a far cadere il comunismo. Forse perché mi ero avventurato in un campo che non era il mio, forse perché andavo controcorrente (e lì la corrente era ancora più forte di quella contro l'economia sommersa) ma tutti lo commentarono.

La cosa stupì anche me. E per alcuni aspetti mi ricordò i meccanismi che scattavano negli anni Settanta, quando anche nello scrivere c'era una grande intenzionalità, una grande voglia di raggiungere un obiettivo mettendo in atto tutte le azioni necessarie, una intenzionalità che oggi anche nel giornalismo non c'è più. Certo, c'è l'intenzionalità di chi scrive un libro per poi candidarsi alle elezioni. Ma le decennali discussioni fra me e Rossana Rossanda, prima sui problemi della scuola, poi sul valore del localismo e del capitalismo personale, erano su un altro livello. Lei mi attaccava, io rispondevo al primo convegno o anche personalmente con una telefonata. Ma ci rispettavamo ed eravamo talmente amici che potevamo litigare su tutto, anche seriamente.

Quando con Martinoli e Longo presentammo al ministero dell'Istruzione quel documento sui fabbisogni dei settori produttivi che fu il primo risultato della nostra collaborazione alla Svimez, la Rossanda ci accusò di voler formare non dei cittadini ma dei «semilavorati per l'industria». Lei si schierava per lo «sviluppo del sistema scolastico senza rapporto con i bisogni economici», cioè per un aumento delle ore di scuola, per fare più istruzione, più edifici scolastici, più insegnanti, più libri di testo e così via. Una impostazione sostenuta non solo dalla sinistra e dai sindacati, ma anche dalla destra democristiana che controllava il ministero dell'Istruzione. Fu uno scontro acceso, che perdemmo; ma ci confrontammo sempre sulle idee, tanto è vero che da lì è nato un rapporto di amicizia tra me e Rossana che è andato avanti per anni: sono stato uno degli ultimi a salutarla prima che morisse.

Una volta le dissi che ero andato al carcere di

Rebibbia per visitare un po' di ex brigatisti, tra i quali Alberto Franceschini.

«Come li hai trovati?» mi chiese.

«Un po' sfessati, Rossana» le risposi.

Lei cominciò ad arrabbiarsi: «Ma ti rendi conto che sono tre anni che stanno in galera? Anche tu dopo tre anni in galera saresti sfessato!».

E io le risposi che secondo me erano sfessati pure prima. Mi urlò di tutto. Ma potevamo parlarci in modo così diretto proprio perché il nostro pensare, oltre che il nostro scrivere, aveva una sua intenzionalità. Un obiettivo.

Oggi credo che questa intenzionalità si sia persa perché c'è troppa gente che vuole scrivere sui giornali. Un direttore, un'intera redazione si vedono circondati da collaboratori più o meno stabili ma comunque molto ambiziosi: un ex dirigente che vuole riciclarsi in qualche modo, un ingegnere sconosciuto in cerca di visibilità, un manager in pensione che deve ingannare il tempo. Scrivono tanto per scrivere, per far circolare il loro nome, non perché hanno qualcosa da dire. Alcuni lo fanno anche due o tre volte alla settimana, ed è impossibile avere idee originali e argomentate con una cadenza del genere.

L'intenzione di Giampaolo Pansa, ad esempio,

era raccontare la storia dei vinti e ci ha fatto sopra più di un libro. Quella di Giorgio Bocca era chiarire il mistero comunista e anche lui di libri sul tema ne ha scritti diversi. Indro Montanelli, invece, navigava a vista, anche se tutta la sua intenzionalità la mise nel farsi un giornale suo. È l'intenzione che fa del giornalista un oligarca, uno che non solo racconta le cose ma influisce sulla realtà. Eugenio Scalfari è stato un oligarca non tanto perché era un bravo giornalista, ma perché aveva l'intenzione di giocarsi la carta del giornalismo sul tavolo delle relazioni politiche. In questo è stato un campione dell'intenzionalità. Sergio Zavoli, invece, ha fatto la sua carriera ma senza intenzionalità: seguiva il Giro d'Italia, raccontava le storie delle suore di clausura, seguiva le sue curiosità, quelli che a suo giudizio erano i problemi più importanti del Paese. Inchieste e servizi di grande successo, per carità. Ma non sono queste le cose che ti cambiano la vita, non è che ti chiama il Papa e ti rende famoso.

C'è però un'attività nella quale non ho messo alcuna intenzionalità ed è quella delle interviste. Quotidiani, televisioni, settimanali, radio: ne ho fatte centinaia. Ma non ho mai chiesto a nessuno di farmi un'intervista, non ho mai telefonato a un direttore per dirgli: «Senti, mi piacerebbe parlare di quell'argomento lì». Eppure ancora oggi, a novantadue anni, sono prigioniero delle telefonate dei giornalisti. Chiamano dalle testate più strane e nella maggior parte dei casi telefonano la domenica pomeriggio, quando io sono in poltrona a guardare la tv e loro hanno il problema di come riempire una pagina. Non guido le mie interviste, le subisco. E quindi non posso dire di averle usate per fare oligarchia, per coltivare il potere, per stare dentro al dibattito. L'intervista è un regalo che faccio al giornalista e non ho mai detto di no a nessuno, a meno che l'argomento non fosse proprio lontanissimo dalle cose di cui mi occupo.

Il giornalista più bravo di tutti a tirarmi fuori le cose era Giorgio Bocca. Però aveva la correttezza di non attribuirmele mai, se non era stato autorizzato in modo esplicito. Poi magari quelle stesse cose le usava lui, le rimpastava con i suoi ragionamenti, con gli argomenti che tirava fuori da altre persone. Ma non mi citava mai. Solo una volta lo fece e litigammo di brutto. Eravamo stati a cena io, lui e Giuliano Graziosi, amministratore delegato della Stet, nella sua casa a La Salle, sopra Courmayeur. Parlammo a lungo di privatizzazioni, saranno stati i primissimi anni Novanta. Io feci una sparata nettamente contraria all'ipotesi sul tappeto, mentre Graziosi era del parere opposto, poiché direttamente interessato. Due giorni dopo Giorgio uscì con un pezzo pieno di virgolettati: «come dice De Rita», «come dice Graziosi».

Pansa, invece, aveva una grande curiosità per quello che lui chiamava il mio lato democristiano, che in realtà non ho mai avuto. Per lui ero il «democristiano serio», infatti esultò quando Ciriaco De Mita mi nominò consigliere a Palazzo Chigi, come ho già ricordato.

Il grande mondo della Rai, invece, merita un discorso a parte perché è stato in parte mio e in parte di mia moglie. Maria Luisa cominciò nel 1955 con la radio dei bambini ed è poi andata avanti fino alla fine degli anni Sessanta, quando ormai eravamo arrivati ad avere otto figli, scrivendo tutti i copioni di *Giocagiò*, il programma televisivo per ragazzi condotto da un giovane Claudio Lippi. Il mio primo passaggio in Rai, invece, fu rapido e indolore. Era il 1958, lavoravo ancora alla Svimez. Carlo Livi – dell'ufficio studi Iri, con il quale ero in contatto perché avevamo lavorato insieme al piano Vanoni – venne chiamato in Rai per organizzare il cosiddetto «ufficio opinioni». Era l'antenato dell'Auditel, aveva il compito di rilevare gli ascolti e il gradimento dei programmi con una serie di interviste, anche se allora la Rai aveva un totalitario monopolio dell'ascolto. Livi – che era figlio del più grande statistico italiano dell'epoca – mi chiamò come consulente per la stesura dei questionari da sottoporre agli spettatori. Lavorai lì tre o quattro anni, poi la Rai scelse di utilizzare il «meter», come veniva chiamato allora il misuratore automatico degli ascolti, un sistema molto vicino all'Auditel.

Tutti quelli che lavoravano nel comitato tecnico dell'ufficio opinioni, compreso me, si dimisero. Ma qualche anno dopo, credo fosse il 1968, venni chiamato dalla cosiddetta «triade», cioè i tre potenti della Rai in quel periodo: il vicepresidente Luciano Paolicchi, il direttore generale Ettore Bernabei e l'amministratore delegato Gianni Granzotto. Fui lo scrivano di un Rapporto sul futuro della Rai insieme a Gino Martinoli, scelto dai socialisti, e Salvatore Bruno, un funzionario interno indicato da Bernabei. Preparammo un Rapporto straordinario, una delle cose più belle che abbia mai scritto, secondo per me solo alla Relazione sulla evangelizzazione e promozione umana preparata per il Convegno della Cei del 1976. Così interessante che Bernabei lo occultò completamente. Venne fuori solo perché, siccome non veniva pubblicato da nessuna parte, lo diedi a «Mondo Economico» che ci fece una paginata intera.

Nel Rapporto dicevamo che la Rai doveva diventare una grande azienda produttrice di spettacolo e di intrattenimento. E puntare a un futuro non pubblico ma capitalistico, da grande Spa capace di stare sul mercato, comprare dovunque, produrre dovunque. Una specie di piattaforma o di Netflix ante litteram. Belle idee e buone intenzioni che si scontrarono, uscendone sconfitte, con la banale verità che quello era il tempo della politica, del primato della politica. E lo era così tanto che il maggiore avversario di quel Rapporto fu proprio Bernabei, più coerente con la sua intelligenza politica che fedele alla potente azienda che aveva costruito. Lui pensava che la Rai dovesse restare un servizio alla politica: ente pubblico, convenzione con lo Stato, nomine politiche degli amministratori. L'esatto opposto di quello che sostenevamo noi.

Un giorno, quando stavamo ancora lavorando alla stesura finale del documento, Bernabei mi chiamò a casa sua. Ufficialmente per una visita di cortesia ma in realtà perché voleva capire cosa bollisse in pentola, forse aveva già qualche sospetto. Io gli spiegai le nostre intenzioni con una certa cautela e lui mi disse che non era affatto d'accordo perché il destino della Rai era quello di essere «pubblica e politica». Naturalmente la sua versione, che sembrava la più retrograda, era in realtà la più vicina anche a tutta la sinistra, che a sua volta poteva godere di uno strumento del genere.

Quel Rapporto rimase lettera morta ma fece scattare tutti gli allarmi possibili e, come effetto collaterale, costò il posto a mia moglie, che pochi mesi dopo scomparve dalla Rai. Anche io, dopo quella esperienza, non ho avuto più nulla a che fare con viale Mazzini. Soltanto molto tempo dopo, sotto il governo Monti, sono stato chiamato per un'audizione nel corso di un'indagine conoscitiva dalla presidente Anna Maria Tarantola, perché anni addietro eravamo stati insieme in non ricordo quale comitato. Una cosa di una tristezza sconfinata. Non c'era intenzionalità in nessuna delle persone sedute al tavolo, non c'era neppure nel fatto di avermi chiamato. Era stata un'invenzione della Tarantola, «sentiamo anche De Rita», punto e basta. Non so neppure se lei avesse mai visto quel Rapporto, che oggi andrebbe riletto perché dice quello che la Rai avrebbe potuto essere e che probabilmente non sarà mai perché era ed è essenzialmente uno strumento politico.

Se oggi la Meloni, come in passato altri leader politici, viene accusata di aver trasformato il servizio pubblico in una macchina di regime, ci si dimentica che la struttura della televisione pubblica è stata disegnata proprio per fare questo. C'è poco da lamentarsi a meno che non la si cambi radicalmente. E mentre noi perdiamo tempo in queste polemiche ci ritroviamo in casa operatori televisivi che oggi fanno proprio quello che dicevamo noi cinquant'anni fa: produrre cinema, teatro, spettacolo, musica, in una struttura di protagonismo capitalistico.

Quella storia del Rapporto, però, non ha avuto nessuna ricaduta negativa sulla relazione con i giornalisti della Rai. Anzi, proprio in quel periodo stringemmo un accordo informale con Tv7, il settimanale di approfondimento del servizio pubblico. Un giorno alla settimana alcuni giornalisti della trasmissione venivano da noi per parlare di vari temi, prendere spunto per servizi e inchieste, chiedere una mano nell'analisi dei dati. Ne sono passati tanti, ricordo Alberto La Volpe, Emmanuele Milano, Bruno Vespa, Gianni Minoli. Non abbiamo adottato un gruppo di giornalisti, questo no. Ma c'era un flusso continuo che ci ha aiutato a far circolare il nome del Censis e a far crescere la nostra notorietà tra gli addetti ai lavori. E sono grato a Minoli che spesso ha ricordato quegli anni di lavoro comune.

8
La classe dirigente che ho conosciuto, appunti sparsi

Nel corso della mia vita ho incrociato buona parte della classe dirigente che ha ricostruito e poi guidato l'Italia dal dopoguerra ai nostri giorni. Non voglio fare classifiche, graduatorie o liste dei buoni e dei cattivi. Non mi interessa. Proverò piuttosto a spigolare lungo il crinale dell'oligarchia, parlando di chi, secondo me, aveva una buona cultura oligarchica e l'ha messa a disposizione del Paese, perché questa secondo me è la chiave più interessante.

Una delle prime persone che ho incontrato e che mi colpì fu Antonio Segni. È vero, era un conservatore impaurito, con qualche timidezza di troppo, qualche meccanismo mentale un po' nervoso. Ma aveva un'intelligenza rara, una disponibilità eccezionale verso il prossimo. E, soprattutto, una grande capacità di tessere quella rete di rapporti «orizzontali» che al politico non sempre interessa. Non credo che il mio giudizio sia falsato dal fatto che fosse il padre del mio amico Celestino, collega di stanza alla Svimez, e avessi il privilegio di frequentare casa loro in via Gregoriana. Come ricordo di quei giorni conservo ancora la foto del presidente Segni che nel 1957 firma i Trattati di Roma al Campidoglio, con Celestino in fondo che lo guarda emozionato.

Un altro che ha lasciato il segno è stato Giulio Pastore, sindacalista e più volte ministro per il Mezzogiorno. Forse mancava un po' di cultura accademica ma è stato un grande meridionalista, sul Sud le ha tentate tutte. Ha fatto il Formez, lo Iasm, Istituto per l'assistenza allo sviluppo del Mezzogiorno, la legge per l'imprenditoria. Ho lavorato per lui, mai nel gruppo ma da esterno, per poco meno di dieci anni. Aveva un'umanità straordinaria, tant'è vero che uno dei miei figli si chiama Giulio proprio perché è nato in quel periodo, nel '64.

Per alcuni aspetti lo avvicinerei a un altro esponente importante della classe dirigente che ho incrociato: il cardinale Ugo Poletti, vicario del Papa per la diocesi di Roma e poi presidente della Cei, la Conferenza episcopale italiana. Tutti e due piemontesi di montagna, apparentemente semplici, molto furbi, umanamente molto ricchi, politicamente medi. Ma quando avevano un po' di intenzionalità potevano arrivare ovunque. E quasi sempre è proprio l'intenzionalità, la voglia di raggiungere un obiettivo preciso agendo di conseguenza, a fare la differenza fra chi lascia il segno e chi si limita a vivacchiare.

Il vero politico oligarca è stato però Ugo La Malfa. Durante il fascismo aveva lavorato alla Treccani per poi essere assunto da Mattioli in quel covo di antifascisti che era la Banca commerciale, dove diventò direttore dell'ufficio studi. Già questo è un indizio della sua cifra oligarchica, visto che Mattioli era il più importante fra i quattro componenti della missione che verso la fine della Seconda guerra mondiale andò negli Stati Uniti per gettare le basi della nuova Italia postfascista. La Malfa alle elezioni non andava oltre il 2-3 per cento ma con quella piccola percentuale doveva sobbarcarsi il compito di tenere la barra dritta sulla linea filoatlantica dell'Italia. E tutto sommato ci è riuscito. Ha sempre fatto l'oligarca, anche da anziano la politica si rivolgeva a lui proprio perché aveva quella rete che in buona parte era stata di Cesare Merzagora.

Per La Malfa scrissi alcuni passaggi della sua famosa Nota aggiuntiva alla relazione sulla situazione economica del Paese nel 1961, sessantasei pagine in cui si denunciavano gli squilibri della società italiana e si indicavano gli interventi necessari per superarli. Lì dentro c'è uno dei brani a cui sono affezionato di più tra le cose che ho scritto perché poi è diventato l'architrave del welfare italiano. Sostenevo che i bisogni possono essere individuali o collettivi, monetabili o non monetabili. Se ho bisogno di un posacenere, quello è monetabile e allora lo compro. Se invece devo essere curato in un ospedale, quello è un bisogno che non posso comprare, non è monetabile. Adesso sembra una banalità ma il concetto di bisogni sociali come bene pubblico nasce proprio da lì.

Un altro personaggio acuto e intelligente è stato Giuseppe Medici, pur con tutti i suoi vezzi strani. Professore universitario, personalità particolare, si racconta che quando comprava un paio di scarpe le facesse usare prima al bidello dell'università per slargarle. Ma sapeva volare alto: faceva parte della delegazione italiana che andava negli Stati Uniti per discutere l'attuazione del piano Marshall. È stato ministro dell'Istruzione, dell'Agricoltura, degli Esteri, del Bilancio, della Pubblica amministrazione. Si dedicò anche allo studio di un «Progetto per l'efficienza della burocrazia nello Stato moderno» che portò alla creazione della Scuola per la Pubblica amministrazione. Pur con qualche limite e molte difficoltà, la Scuola fu uno dei primi tentativi di rendere più moderno un apparato che all'epoca era davvero arcaico. L'organizzazione venne definita da un comitato scientifico di cui facevo parte anche io e che aveva un mandato strano, probabilmente di ispirazione statunitense: non insegnare solo diritto ma anche macroeconomia. La verità è che allora questa macroeconomia non si sapeva bene cosa fosse. Nel comitato scientifico la materia era rappresentata da un professore olandese che faceva degli interventi assolutamente incomprensibili. Trovammo comunque il modo di far quadrare tutto e le prime lezioni della Scuola si tennero nella Reggia di Caserta nel marzo del '64. Diversi docenti venivano proprio dal Censis, appena nato.

Tra i ministri del Bilancio un posto di tutto rispetto spetta ad Antonio Giolitti, che non a caso tirò su una squadra di collaboratori di primissimo livello, da Giuliano Amato a Giorgio Ruffolo. Ricordo anche Giovanni Pieraccini che, nonostante una siderale distanza intellettuale da Giolitti, si districò abbastanza bene e senza chiudersi verso il mondo esterno. Ma chi mi colpì davvero per la sua capacità di relazione è Gerardo Chiaromonte, il vero oligarca del Pci, il più intelligente di tutti i comunisti italiani. Dopo quella discussione sull'economia sommersa, che avevamo avuto all'inizio degli anni Settanta, ci conoscemmo meglio, diventammo amici, e capii quanto era importante il ruolo che aveva nel partito. Da Luciano Barca a Sergio Cofferati tutti quelli che contavano erano amici di Gerardo. Gli altri potevano essere iscritti al Pci, magari deputati, forse gerarchi, ma l'oligarca di Botteghe Oscure era lui. Giorgio Napolitano aveva grandi sospetti su di me fino a quando gli dissi che ero amico di Gerardo. «Amico di Gerardo? Davvero?» A quel punto si aprì totalmente, perché anche Napolitano lo sentiva come un vero riferimento nell'oligarchia italiana.

Come altri hanno avuto un rapporto del genere con Antonio Maccanico che – prima capo dell'ufficio legislativo del ministero del Bilancio, poi direttore del servizio delle commissioni parlamentari alla Camera, fino a diventare segretario generale del Quirinale – conosceva come pochi la macchina dello Stato e chi ne occupava i posti chiave. Parliamo di quella categoria di persone che sta a metà tra il tecnico e il politico e che, nel tessuto oligarchico dello Stato profondo, ha un ruolo di garanzia più per gli altri che per se stessa.

Al di là dei singoli nomi, mi hanno sempre dato un'impressione positiva quei politici che si mischiavano con gli altri mondi. Mi colpivano in negativo, invece, quelli che facevano solo politica chiusi nelle segreterie di partito e non si sporcavano le mani con la realtà. Con loro avere un dialogo era impossibile.

Antonio Bisaglia, per fare un esempio. Più volte ministro per la Dc, fermo oppositore del compromesso storico con il Pci. Un minimo di contatto c'era ma solo perché ero amico di Marco Follini e Pier Ferdinando Casini, che lo conoscevano bene, e perché il capo della segreteria era Lucia Valeri, amica mia da una vita. Ma con lui non si riusciva proprio a dialogare, teneva tutti a distanza, aveva un altro codice mentale. Lo stesso discorso vale per tutti quelli che hanno fatto vita politica pura, magari anche carriera ma sempre asserragliati dentro il loro mondo per poi un giorno diventare magari sottosegretari. Se uno pensa ai ministri dell'Istruzione che sono arrivati dopo Medici, il quadro è abbastanza scoraggiante.

Penso a Luigi Gui, democristiano, un padovano inaccessibile. Diceva di me che ero un sociocattolico, un socio-statistico, un socialista. Si rifiutava proprio di avere a che fare con un mondo che invece avrebbe potuto aiutarlo. Stesso discorso per Franca Falcucci, prima donna a guidare quel ministero. Anche lei faceva solo vita politica e di partito, non gradiva confrontarsi con altri mondi.

Remo Gaspari, invece, rappresenta un caso a parte. Non era certo un oligarca, anzi per alcuni aspetti era il suo contrario. Ma sbaglia chi lo considera un personaggio di serie B, perché è stato un grande politico. L'ultima cosa che gli ho visto fare è il Parco marino davanti alla costa di Vasto, nel suo Abruzzo. Ma quando si faceva venire in mente un'idea, anche banale, la sua tecnica per realizzarla era sempre la stessa. Per prima cosa, anche quando era ministro, andava di persona da qualche funzionario della Cassa per il Mezzogiorno – nella sede di piazzale Kennedy all'Eur – per farsi dire se c'era una legge che lo poteva aiutare. Poi riuniva due o tre amici, si faceva preparare una bozza di progetto e con quelle carte si presentava di nuovo a piazzale Kennedy. Ma mica andava dal presidente della Cassa o dal direttore generale come avrei fatto io; no, andava dritto all'ufficio del protocollo dove si faceva protocollare il progetto e poi chiedeva a quale ufficio sarebbe stato assegnato. Al protocollo gli dicevano che lo avrebbero assegnato al dottor XY del terzo piano? A quel punto lui prendeva tutto l'incartamento e si presentava direttamente dal dottor XY del terzo piano. Non era un potente nel senso classico del termine ma è riuscito a fare tutte le cose che voleva proprio per questo meccanismo di cura continua, minuta e personale. Ma Gaspari è un'eccezione, non ripetibile: oggi se un ministro si presentasse di persona all'ufficio protocollo di una istituzione pubblica finirebbe subito su Instagram e scoppierebbe il pandemonio.

Dal punto di vista strettamente oligarchico, ci sono due specifiche categorie di alti funzionari dello Stato che hanno tenuto bene nel corso degli anni. La prima è quella dei direttori generali del Tesoro: penso a Gaetano Stammati, Gastone Miconi, fino a Mario Draghi o anche Alessandro Rivera, che pure è stato criticato e attaccato. Sono stati elementi fondamentali per la tenuta dello Stato, hanno saputo gestire anche in tempi difficili. Meglio ancora hanno fatto i ragionieri generali dello Stato, forse perché hanno un potere più laterale e quindi meno aggredibile dalla politica. Ricordo Carlo Marzano, il padre di Antonio poi ministro e presidente del Cnel, di nuovo Gaetano Stammati, che era già stato direttore generale del Tesoro,

Vincenzo Milazzo, Giovanni Ruggeri. Andrea Monorchio forse è stato il migliore di tutti: conosceva i minimi dettagli del bilancio dello Stato e per quel ruolo aveva anche il fisico, alto e slanciato. Parlare con lui (andavo a prendere il caffè nel suo ufficio alle 8 del mattino) era meglio che parlare con il governatore della Banca d'Italia. Ma tutti, non solo Monorchio, sono stati buoni oligarchi, anche quando potevano sembrare modesti funzionari.

Ricorderei anche qualche funzionario parlamentare. Oggi sembrano contare poco, i riflettori si accendono su di loro solo quando viene pubblicato un dossier del Servizio Bilancio. E invece abbiamo avuto dei funzionari parlamentari di primissimo livello. Ricorderei Nicola Picella, che tra le tante cose fu segretario generale della presidenza della Repubblica con Luigi Einaudi e poi segretario generale del Senato. Mentre venendo ai tempi nostri sono rimasto colpito da Giacomo Lasorella, ora presidente dell'Agcom, l'Autorità per le garanzie nelle comunicazioni, ma con una lunga carriera da funzionario parlamentare alle spalle. Così come il suo capo di gabinetto Giorgio Giovannetti, a suo tempo rappresentante a Roma della fondazione Nuova Antologia di Spadolini.

Dal punto di vista della dinamica oligarchica,

invece, il mondo dei prefetti è rimasto un po' più indietro. Qualche funzionario di ottimo livello c'è stato ma sono casi isolati: penso a Vincenzo Parisi, che poi è stato capo della polizia così come Gianni De Gennaro. E ancora Mario Morcone, che al Viminale è stato capodipartimento per l'immigrazione per poi diventare assessore alla sicurezza nella regione Campania.

In tutte queste persone si ritrovano due caratteristiche, rare e fondamentali. La prima, un prerequisito, è una conoscenza profonda e capillare del settore di cui si occupano. La seconda, che fa fare il salto di qualità, è il fatto di avere un legame implicito con altre persone del loro stesso livello che però si occupano di questioni diverse. Magari non si conoscono direttamente, se si incontrano non si salutano neanche, ma sanno che gli altri ci sono. È una specie di simbiosi silenziosa.

Il presidente di Confindustria Angelo Costa, tanto per dire, era uno che parlava spesso con i governatori della Banca d'Italia della sua epoca, Luigi Einaudi e Donato Menichella. E lo stesso approccio aveva uno dei suoi successori come Vittorio Merloni. Non sono sicuro che adesso accada lo stesso. Anche il sindacato ha avuto i suoi oligarchi, come il fondatore della Cgil Giuseppe Di Vittorio, non a caso anche uno dei padri costituenti, e Bruno Trentin, che ho avuto modo di conoscere bene ai tempi del Cnel. L'amministratore delegato della Fiat, Vittorio Valletta, sapeva bene che un buon oligarca deve coltivare la poliarchia italiana, cioè quella pluralità di soggetti che alla fine esercitano il potere. Arrivava la mattina a Roma con il vagone letto, andava dal comandante generale dei Carabinieri, poi vedeva il capo della Polizia e alla fine della serata incontrava pure il presidente della Repubblica. Cosa che non riusciva a fare Cesare Romiti, che pure era in buoni rapporti con tutti. Ma poi sentiva in modo troppo forte il senso del suo potere e quindi non lo metteva in rete. Il vero oligarca, invece, il suo potere lo mette in rete. Anche se non lo dice, anche se non lo fa pesare.

Un po' come Romiti era Amintore Fanfani, convinto di avere sempre ragione, troppo pieno di sé e quindi incapace di ascoltare gli altri. Mi ricordo quando mi chiese di spiegargli cosa fosse l'economia sommersa. Parlai a lungo ma a un tratto mi interruppe: «Hai perfettamente ragione! Sai, Giuseppe», ci davamo del tu «lo scrissi anch'io nel 1938 nel mio saggio intitolato...». Io, io, io. Non c'era posto per nient'altro nel suo modo di ragionare.

Purtroppo la politica recente di oligarchi ne ha avuti pochi. Chi governa, ma anche chi è all'opposizione, è orgogliosamente convinto che la politica sia un'arte superiore a tutte le altre. Se sei un politico, capisci tutto e quindi puoi decidere tutto. Hai un'investitura in più. Naturalmente non è vero, perché magari l'investitura ti viene da qualche voto in più raccolto ai gazebo che ti porta a guidare un partito e poi a fare sfracelli. Però, come diceva De Mita, la politica dà un'investitura piena e questo rende incapace chi la pratica di accorgersi dei propri limiti. De Mita, ad esempio, aveva grandissimi limiti ma al suo fianco c'era Riccardo Misasi, il capo della segreteria politica, che aveva rapporti con tutti ed era un vero oligarca. Senza di lui De Mita non sarebbe andato da nessuna parte.

Lo stesso Silvio Berlusconi non è mai stato un oligarca, ma aveva Gianni Letta che forse è il principe degli oligarchi. Mentre Aldo Moro era un grande personaggio ma non è stato un vero oligarca; si confrontava spesso con Vincenzo Milazzo, che pure era stato ragioniere generale dello Stato, ma non era il suo braccio destro oligarchico. Un po' come Gennaro Acquaviva per Bettino Craxi. Non aveva il potere di Misasi e Letta. Era un collaboratore fidato, un grande caposegreteria ma poi

Craxi decideva tutto da solo e non ne discuteva con nessuno.

Chi invece aveva un ottimo senso dell'oligarchia è Romano Prodi, oligarca nato e quindi naturalmente portato agli atteggiamenti e ai comportamenti giusti. Anche Mario Draghi lo è ma si è dimostrato troppo sicuro di sé, convinto di non aver bisogno di appoggi. Il suo standing non è in discussione, come la sua preparazione: è stato un bravo governatore della Banca d'Italia, un ottimo presidente della Banca centrale europea. Ma non si è reso conto che, all'esterno, gli oligarchi sono sospettati delle peggiori infamie e quindi non possono fare i solisti, devono farsi sostenere. Per questo si è giocato il Quirinale. Anche Enrico Letta poteva essere un ottimo oligarca: ha l'intelligenza giusta, la cultura giusta, la capacità di legare le persone fra loro. Ma non gli è mai interessato davvero.

Un altro buon oligarca è Giulio Tremonti, ma non è riuscito a sfruttare questa dote se non come presidente dell'Aspen Italia dove effettivamente ha costituito una buona casa delle oligarchie. Persona di grande cultura e intelligenza, ma il suo meccanismo di fondo è sempre lo stesso: troppa fretta, troppa insistenza. L'oligarca deve saper aspettare. Io, però, posso solo ringraziarlo: mi ha nominato presidente onorario dell'Aspen insieme a Giuliano Amato, Gianni Letta e Carlo Scognamiglio. Quando è arrivata la nomina gli ho telefonato per dirgli che si sbagliava. «Parlo male l'inglese, non volo negli Stati Uniti, non ho cultura americana econometrica, non ho mai pensato di vincere il premio Nobel perché non sono di Berkeley ma semmai di Prato. Scegliendo me dai un senso di provincializzazione dell'Aspen.» Lui ha tenuto il punto, gentile e anche affettuoso: «L'ho fatto con convinzione non solo per la stima che ho nei tuoi confronti ma anche perché credo che l'Aspen abbia bisogno di avere al suo interno mondi diversi». Una visione oligarchica, appunto.

Oggi tutti i politici sono troppo affezionati alla dialettica fra di loro per lasciare spazio ad altre cose nella loro agenda e nella loro mente. Sono convinto che se chiedessi di andare a parlare con uno qualsiasi degli attuali ministri sarei ricevuto solo per puro spirito di cortesia. Ma se mi mettessi a fare un discorso di analisi, di contenuto, non mi ascolterebbero nemmeno. Non c'è solo paura ma addirittura ripulsa verso l'analisi della realtà e chi la rappresenta. E questo perché ormai fare politica significa solo inseguire l'hashtag dell'altro, è una sociometria tutta interna al sistema.

L'unica cosa esterna che entra in gioco è l'opinione, ma solo perché può creare un'onda a tuo favore. Quindi il talk show non lo puoi snobbare e ci mandi uno importante dei tuoi, ogni tanto ci vuole una lettera a un direttore di un quotidiano, i social li devi presidiare e avanti così. Ma è un meccanismo che non ha punti di contatto con l'esterno e alla fine i politici pensano che la realtà sia quel sistema chiuso dentro il quale stanno nuotando. «Che fregatura mi sta dando Conte? Che fregatura posso dare a Salvini?» Insomma, «famo a fregasse», come si dice a Roma. Per carità, come mi hanno insegnato i ragazzi dell'alberata, essere esperti del famo a fregasse è fondamentale per riuscire a sopravvivere. Ma non può essere quello l'unico orizzonte. L'oligarca lo sa, i piccoli gerarchi no.

9
La religione, i cattocomunisti e il premierato che servirebbe alla Chiesa

Credo di essere particolarmente religioso ma il picco della mia intensità religiosa coincise con il periodo più critico della mia vita professionale e cioè con i primi mesi dopo la fondazione del Censis. Allora non sapevamo se i clienti ci avrebbero pagato, se il mercato avrebbe funzionato, se avremmo avuto i soldi per pagare gli stipendi. E non ci dormivo la notte. Trovai nella religione un grande conforto ed ebbi modo di capire che la pratica religiosa non è soltanto un fatto rituale ma anche e soprattutto un esercizio quotidiano che alimenta quello che hai dentro. Uno può chiedersi quale sia il senso di fare la comunione tutte le mattine. E alla fine capisce che il senso c'è ed è profondo, misterioso, perché è come chiedere di essere nutrito ogni giorno. C'è un salmo bellissimo: «Ha sete di te, Signore, l'anima mia». Ecco, quando hai sete è bello che arrivi l'acqua. Quando invece la sete non c'è, l'acqua che esce dal rubinetto non ti dice nulla.

Non posso dire che questa religiosità mi sia stata trasmessa dalla mia famiglia. Mia madre, figlia di un maestro massone, aveva una sua fede molto intellettuale, freddina. Mio padre invece di fede ne aveva proprio poca, in compenso aveva una grande umanità, un grande desiderio di stare in mezzo agli altri e aiutarli. Fino ai quindici anni sono andato a scuola dai gesuiti ma l'effetto del loro insegnamento non si fece sentire subito anche perché i gesuiti ti trasmettono degli schemi mentali che poi ti ritrovi più avanti, quasi inconsapevolmente. La mia prima comunione – fatta insieme a mio fratello anche se era più piccolo di due anni – non mi disse granché. Presi coscienza della mia formazione gesuitica solo più tardi, verso i diciott'anni, quando conobbi i rosminiani e loro iniziarono a correggere i miei schemi gesuitici, le mie obbedienze gesuitiche. Ricordo che una mattina, durante la confessione, dissi al prete che avevo pregato con poco fervore. Lui quasi mi mandò a quel paese: «Ma che è 'sto fervore?», mentre per i gesuiti il fervore ci voleva eccome. «La preghiera vale per quello che si dice, non per il fervore che ci si mette sopra.»

A farmi conoscere i rosminiani fu don Virgilio Missori, un prete che avevano trovato i miei genitori per farmi studiare l'inglese. Viveva nella chiesa di San Giovanni a Porta Latina, dove c'erano molti sacerdoti irlandesi che l'inglese lo sapevano sicuramente meglio di lui. Non so perché i miei scelsero don Virgilio. Ma a un certo punto lui – che con noi ragazzi era molto bravo e fece anche delle belle cose come curare l'epistolario tra Rosmini e Tommaseo – si trasferì a Torino per fare il preside del liceo dei rosminiani. Io rimasi agganciato alla chiesa di San Giovanni a Porta Latina dove però, oltre don Virgilio, non conoscevo nessuno.

La prima domenica, per caso, mi andai a inginocchiare nel confessionale di destra. E lì conobbi don Clemente Riva, che poi è diventato il prete di casa fino alla sua morte. Era totalmente diverso sia da don Virgilio, che era un compagnone allegro, sia dai gesuiti che erano invece molto più misurati. Aveva una caratura di silenzio che non avevo mai visto. Parlava pochissimo, parlava con gli occhi. Parlava con il silenzio. Ancora oggi San Giovanni a Porta Latina è la chiesa a cui mi sento più legato, quella dove io e Maria Luisa ci siamo sposati, dove abbiamo celebrato i cinquant'anni di matrimonio, dove abbiamo fatto il suo funerale. Anche se poi don Clemente è andato a fare il rettore a San Carlo al Corso, e poi ha fatto il vescovo a Roma Sud, ancora oggi è nell'intimo la «mia» chiesa.

L'incontro con la Chiesa come organizzazione, invece, avvenne molto più avanti, nel 1974. Il vicariato stava preparando un grande incontro passato poi alla storia come il «Convegno sui mali di Roma», anche se il titolo ufficiale era un po' più retorico: «La responsabilità dei cristiani di fronte alle attese di giustizia e di carità nella diocesi di Roma». Nella commissione che preparava i lavori c'erano il cardinale Ugo Poletti, vicario di Roma, monsignor Giulio Salimei, vescovo ausiliare, don Luigi Di Liegro, poi fondatore della Caritas diocesana di Roma, il dottor Luciano Tavazza, capo del volontariato romano, e don Riva. Non so come siano andate esattamente le cose, ma credo che a «reclutarmi» sia stato proprio don Riva, l'unico che mi conosceva bene e con il quale c'era un rapporto di fiducia. In origine quel convegno doveva essere un'altra cosa, nasceva come l'incontro annuale degli assistenti sociali del Papa. Ma, durante una delle riunioni preparatorie, feci una «sparata» provocatoria e innovativa dicendo che bisognava fare qualcosa di diverso, un incontro sui problemi veri della città che all'epoca, solo per fare un esempio, aveva una mortalità infantile pari a quella del Marocco. Don Di Liegro non aspettava altro, Poletti si lasciò convincere e alla fine, invece di fare il congresso degli assistenti sociali, si fece un grande convegno sociopolitico.

La Dc romana era impaurita, ci accusava di preparare il terreno per la rivoluzione. Del resto non erano tempi facili per i cattolici: il 1974 è l'anno del referendum sul divorzio, la Chiesa veniva contestata da un clima di generale dissenso e sfidata dal Pci che in quel periodo catalizzava il malcontento delle fasce deboli della società. Aprirsi era necessario, ma aveva anche i suoi rischi. Quando il programma venne presentato al Papa, Paolo VI ebbe qualche dubbio sulla dimensione laica dell'evento e concentrò la sua attenzione proprio sui due relatori: «Bene don Riva, lo conosco. Ma 'sto De Rita chi è?». Tutti pensavano che monsignor Poletti gli avrebbe risposto «è un sociologo, il fondatore del Censis». E invece lui fu molto più furbo: «È un padre di otto figli». E Paolo VI non aggiunse una parola.

Per me quel convegno significò entrare in una cultura ecclesiastica molto particolare: diventai la figura che impersonava la Chiesa che parla, la Chiesa che mobilita, la Chiesa in dialogo costante con la società. E così nel 1976, quando fu organizzato il primo Convegno ecclesiale di evangelizzazione e promozione umana, venni chiamato a scrivere una relazione. Ci misi due mesi per prepararla, penso sia la cosa più impegnativa che ho scritto in tutta la mia vita.

Perché scelsero me? In parte perché in quel periodo non era facile trovare un cattolico che non fosse già schierato. C'erano stati i cattolici dell'aborto, quelli del divorzio, non potevano chiamare Pietro Scoppola o Achille Ardigò. Meglio scegliere un cattolico più defilato come me. In parte perché Poletti, che ormai mi considerava uno dei suoi, nella Conferenza episcopale italiana era diventato molto importante. Ma scelsero me soprattutto perché il vero artefice di quella Conferenza e più in generale della cultura per la promozione umana era monsignor Enrico Bartoletti, con il quale nel frattempo era nato un rapporto di reciproca stima. «De Rita,» mi diceva sempre «basta che lei non faccia *aut aut*. Perché lei viene dai gesuiti, quindi lei fa *aut aut*. Qui si fa *et et*, evangelizzazione e promozione umana. La Chiesa è *et et* non è *aut aut*. Se lo ricordi.»

Anche in quell'occasione, come relatore, ero stato messo in coppia con un uomo al di sopra di ogni sospetto: monsignor Filippo Franceschi, carissimo amico e consigliere spirituale dell'Azione cattolica. Ma stavolta avevo anche il ruolo di gestire l'organizzazione del Convegno ecclesiale: dovevo decidere chi invitare, quanti posti dare a ogni delegazione, quale sala prenotare. Per non fare una cosa «solo romana», e con l'obiettivo di coinvolgere i territori, stabilimmo che tutte le diocesi dovessero tenere una preconferenza e che tutti noi del comitato organizzativo, a turno, dovessimo partecipare. Io scelsi le quattro-cinque diocesi che mi interessavano di più, da Prato a Pistoia.

Come per il Convegno sui mali di Roma, anche in questo caso ci furono delle resistenze. Nel comitato organizzativo c'era comunque un'ala reazionaria ma monsignor Bartoletti non se ne preoccupava. Era stato lui a inventarsi il titolo dell'evento e su quel tema aveva deciso di giocarsi tutta la sua partita, anche nel rapporto con il Pontefice. È grazie a questo convegno che diventai all'interno della Chiesa il fautore della promozione umana, il filosofo della promozione umana, il politico della promozione umana. Ed è a quel punto che nella

Chiesa si aprirono per me tutte le porte: entrai a far parte di tanti altri gruppi di lavoro della Cei.

Poi a un certo punto, all'inizio degli anni Novanta, scattò l'esclusione, che i pretini della Conferenza episcopale attribuirono a una mia quasi bestemmia e invece io, più seriamente, attribuii a monsignor Camillo Ruini. Le cose andarono così. C'era una riunione non ricordo su quale tema, venti persone al tavolo, compresi me e Ruini. A un certo punto io dissi: «Basta, stamo a fa' un casino della Madonna!». Sul momento non successe nulla anche se una certa freddezza si notò. Ma quelle parole, «casino della Madonna», non me le hanno perdonate. Forse potevo stare più attento ma non era una bestemmia, era un modo di dire, un intercalare, all'epoca lo usavo spesso.

Qualche tempo dopo mi chiamò Ruini. Facemmo una lunga chiacchierata e, proprio quando ormai stavo per andare via, mi fece: «Dottor De Rita, si renda conto che io, i miei colleghi vescovi, i parroci, noi tutti siamo qui al mondo per predicare il Vangelo, non per fare la promozione sociale».

«È un licenziamento?» gli chiesi. Non mi rispose ma fu proprio così. Sono convinto che la quasi bestemmia fu solo un pretesto. Ruini era convinto che il tema della promozione sociale non fosse per la Chiesa quello fondamentale. Non c'era nulla di personale, voleva eliminare De Rita solo per eliminare quella linea politica.

Dopo quell'incontro, in Vaticano per me finì tutto. Io che vedevo Ruini tutte le settimane, che partecipavo a tutte le riunioni, che venivo coinvolto in qualsiasi cosa, a un certo punto venni cancellato dall'orizzonte della Cei. Sono tornato in gioco solo poco tempo fa, a marzo del 2024, quando il nuovo presidente della Cei, monsignor Matteo Zuppi, ha fatto una riunione e mi ha cercato. Sono andato, ho pensato «almeno saluto i vecchi uscieri di una volta» ma non c'erano più manco quelli.

Con Ruini non ho mai più parlato di quell'episodio. Ma, quando nel 2009 abbiamo festeggiato con Maria Luisa i cinquant'anni di matrimonio, l'ho chiamato e gli ho chiesto di venire a dir messa a San Giovanni a Porta Latina. Lui è venuto, guidando la sua macchina, ha fatto anche una bella predica. La pacificazione finale è arrivata poi nel 2021, quando abbiamo pubblicato *Il gregge smarrito*, il libro su Chiesa e società nell'anno della pandemia. Gliel'ho mandato, lui mi ha fatto sapere che gli sarebbe piaciuto discuterne e allora sono andato a trovarlo. Abbiamo parlato per due ore, siamo stati benissimo perché in fondo fra di noi non c'era stata una rottura umana ma «solo» ideologica. L'ho trovato, però, seriamente preoccupato per la situazione della Chiesa. Abbiamo ragionato soprattutto su questo.

Personalmente credo che la Chiesa di oggi abbia una solida storia intellettuale ma anche una profonda ambiguità strutturale e organizzativa. È ancora la Chiesa di Papa Giovanni XXIII, con l'enciclica *Pacem in terris*, di Paolo VI con *Populorum progressio*, del fenomeno magnetico di Wojtyla. È una Chiesa che conta, che pensa, che sta nel mondo. Nella Chiesa, quindi, una cultura di livello mondiale c'è.

Anche con Bergoglio. Solo che lui – poiché i sudamericani pensano soprattutto agli assetti di potere – è stato ossessionato dall'obiettivo di cambiare prima possibile le strutture di governo. Ed è un peccato.

Se uno va a rileggere la relazione che Bergoglio fece nel 2007 alla Conferenza episcopale latinoamericana di Aparecida, quando era ancora cardinale, trova due cose fenomenali. La prima è che la Chiesa deve essere asimmetrica. Non perfetta, piramidale o sferica. Ma sghemba. Perché una struttura sghemba arriva dove le forme perfette non riescono ad arrivare. Il quadrato è quadrato, la piramide ha la punta, il trapezio tende verso l'alto. La forma sghemba, invece, si adatta.

La seconda cosa che sottolineava Bergoglio è l'importanza dei tempi. Noi pensiamo sempre alle decisioni e non ai processi, usiamo il tempo per decidere rapidamente senza capire che poi il tempo è necessario per attuare quella decisione. E, senza attuazione, una decisione non vale nulla anche se è stata saggia e rapidissima.

Temo che, una volta diventato Papa, Bergoglio queste due cose le abbia dimenticate. Perché evidentemente ad Aparecida era un leader dal pensiero libero, padrone di se stesso. Mentre, una volta entrato in Vaticano, la fretta di controllare la macchina lo ha portato a mettere da parte le sue buone intenzioni. Qualcuno dice che Papa Francesco compensi i suoi difetti con il carisma popolare, un po' come Wojtyla. Ma io non sono d'accordo. Può baciare un plotone di bambini, può dare la mano a tutti, però si sente in lui un pizzico di alterità.

In Ratzinger ho invece sentito il senso del mistero dell'uomo che sa, dell'uomo che ha capito, è stato il più capace di stare in giudizio nella società moderna. Certo, non ha avuto l'energia per fare il leader popolare come Wojtyla ma vale quello che ha scritto. Non a caso la sua *Fides et Ratio* è la prima enciclica dei pontefici romani in cui si cita Antonio Rosmini, si cita John Henry Newman, persone all'indice da secoli perché sostenevano che fede e ragione sono di pari grado e vanno integrate. Non c'è un potere della *fides* sulla *ratio* o il contrario. Questo Ratzinger l'ha detto in maniera chiara e definitiva, come definitiva è stata la determinazione con cui ha chiuso la causa di beatificazione del Rosmini, che stava per essere rallentata ancora una volta per non ricordo quale pettegolezzo.

Adesso tutti si chiedono chi sarà il prossimo Papa. Non mi sbilancerei. Dopo Pacelli si diceva che il Conclave fosse tutto pacelliano e quindi sarebbe arrivato un Papa come lui ma poi arrivò Giovanni XXIII. Così dopo Wojtyla, tutti pensavano che sarebbe stata la volta di un Pontefice simile e invece è stato eletto Ratzinger. Anche stavolta la grande maggioranza del Conclave è stata nominata da Bergoglio, ma i cardinali seguiranno davvero la sua linea?

Al di là del nome, credo che per la Chiesa sia necessaria una profonda trasformazione caratterizzata da due elementi apparentemente contraddittori: da una parte una forte centralizzazione, dall'altra una forte libertà periferica. Mi spiego.

Oggi la Chiesa non ha una forza culturale centrale. Ci sono tanti cardinali, tanti vescovi, tanti preti:

quello che manca è però l'apparato, la forma partito come avrebbe detto De Mita. Va fatto ordine, altrimenti lo scisma oggi è potenziale in Germania, domani magari in Albania, e dopodomani chissà dove. Fino a quando c'era la centralità del Sant'Uffizio, la macchina girava perché tutti lo temevano. Oggi non è più così. I dicasteri sono fragili, la stessa internazionalizzazione della Curia ha portato un canadese di qua e un indonesiano di là ma non è che questi vescovi e arcivescovi, per il solo fatto di essere stranieri, siano in grado di interpretare il mondo. Serve una struttura più decisa con un potere del Pontefice ancora più forte. Una specie di premierato, ma con una grande libertà in periferia. Volete fare lo scisma? Fatelo, anzi ve lo facciamo fare noi. Vi chiediamo solo di stare all'interno del quadro generale, di non mettervi contro Roma in maniera plateale, di aderire a una specie di Commonwealth della Chiesa. Ma per il resto siete liberi di fare quello che volete.

A questo proposito mi torna in mente la reazione di chiusura che la Chiesa ebbe verso i cosiddetti cattocomunisti, quel gruppo di persone attivo sul finire della guerra e che andava da Franco Rodano a Felice Balbo, da Adriano Ossicini a Gianni Baget Bozzo, fino allo stesso Giorgio Sebregondi. Un gruppo di cui io non ho fatto parte, anche se sono certo figlio di quell'esperienza. La Chiesa ebbe paura di loro e si chiuse perché pensava che il comunismo non fosse più soltanto una potenza mondiale materialista ma rischiasse di diventare una nuova religione. Verso i cattocomunisti, però, c'è sempre stata un'attenzione particolare da parte del Vaticano. Pio XII aveva dato mandato alla segreteria di Stato di far sapere a tutti i vescovi che se c'era una conferenza di Franco Rodano qualcuno doveva andare a sentirlo e poi mandare un resoconto a Roma; e la Chiesa dimostrò una grande capacità di assorbire il diverso: nel 1944 una consistente parte del radio-messaggio natalizio di Pio XII era stata scritta proprio da Rodano, che poi sarebbe diventato uno dei più ascoltati consiglieri di Palmiro Togliatti.

Di fondo, però, Pio XII era anticomunista e non si fece prendere la mano. Dopo la guerra cambiò subito linea. Dal 1945 si schierò con la Dc e si inventò il collateralismo politico, con i Coltivatori diretti e l'Associazione dei maestri cattolici. I cattocomunisti, invece, nel 1948 vennero scomunicati, abbandonarono l'idea di fondare un loro partito. Ed entrarono nel Pci dove restarono fino al 1951-52, quando si sfilarono un po' per volta e tutto finì. C'era la Democrazia cristiana, non ci poteva essere anche la Sinistra cristiana. Ma tutti loro hanno rappresentato qualcosa di importante per il Paese, con una gran voglia, quasi un'ansia, di fare cose concrete che alla lunga ha dato i suoi frutti. Negli anni Sessanta, per fare un esempio, in Italia c'erano solo tre grandi fondazioni istituite con decreto del presidente della Repubblica. La prima era la Fondazione Agnelli, specializzata sui temi dell'istruzione, che venne fatta da uno di loro, Scassellati. La seconda era il Censis, fatta da me, che sono erede di quel mondo. Solo la terza non c'entrava nulla con i cattocomunisti: era quella creata per volontà del signor Mario Negri che nel suo testamento aveva lasciato 100 milioni di lire a Silvio Garattini per dare vita a un centro sulle ricerche farmacologiche.

I cattolici comunisti hanno lasciato il segno, ed era proprio ciò che mi invitava a fare Sebregondi in quel discorso il mio primo giorno di lavoro alla Svimez. Ricordo il bellissimo post scriptum di una lettera che mi mandò Baget Bozzo. Diceva così: «Ormai sono passati dieci anni da quando è morto Giorgio Sebregondi, la persona a cui ho voluto più bene nella mia vita. Mi sono sempre domandato cosa avrebbe fatto, se non fosse morto allora. E alla fine mi sono risposto che avrebbe fatto il Censis». Per me è stato il timbro finale di legittimazione.

10
Courmayeur, la città collettiva e il sentierino

Una parte importante della mia vita è legata a Courmayeur e alla casa che abbiamo costruito lì, sessant'anni fa. Io e Maria Luisa arrivammo per la prima volta in Valle d'Aosta all'inizio di agosto del 1959, ci eravamo sposati pochi mesi prima e quindi in vacanza non eravamo più tenuti a seguire i nostri genitori. Per questo fummo contenti di ricevere l'invito di Fulvia Ceriani Sebregondi – vedova di Giorgio, che era mancato l'anno prima, e nostra testimone di nozze – a passare qualche giorno nella sua casa di Plan Gorret. A lei e alla sua famiglia ci legava un grande affetto, una riconoscenza profonda anche se, in realtà, quella destinazione ci risultava un po' estranea.

Fino ad allora, infatti, le nostre vacanze estive erano state tutte dolomitiche, da Moena a Sappada, dalla conca ampezzana all'altopiano del Renon. E credevamo, con molta superficialità invero, che le Alpi occidentali fossero fredde, di roccia scura, meno fiorite e assolate di quelle orientali. Così fummo sorpresi quando, dopo l'ultimo tratto della salita da Palleusieux al Verrand, fummo investiti dalla luce calda e distesa di Courmayeur che poi avrebbe accompagnato tutte le nostre estati.

Fu proprio la casa della famiglia Sebregondi, da loro soprannominata «La Clairière», a trasmetterci la tentazione di insediarci lì. Era un villino tipico della zona, di quelli che tirava su il vecchio Camillo Neiroz, allora unico e un po' primordiale costruttore della zona: un tavernino; un piano per pranzo, soggiorno e servizi; un piano per le camere da letto. È noto che la scelta del luogo in cui vivere ha, per i singoli popoli, motivazioni diverse: lungo i fiumi per avere l'acqua, sopra le colline per disporsi a difesa, in riva al mare per commerciare lontano. Noi, più semplicemente, volevamo un bel posto al sole dove passare le estati.

Cercammo a lungo un terreno dove costruire una «casa che ci somigliasse». Non avremmo mai accettato di comprare un appartamento in un maxi o mini condominio e neppure una villa già costruita. Volevamo una casa tutta nostra.

Per questo nelle prime due estati che passammo a Courmayeur, sistemandoci in affitto, gite e ristoranti non ci interessavano proprio. Sapevamo che ci saremmo rifatti dopo, il nostro tempo era tutto riservato a trovare il terreno giusto. Nel frattempo era nata Betta, la nostra prima figlia, che appesantiva il carrozzino da spingere lungo viottoli e prati ma ci ripagava con dei sorrisi così solari che accentuavano la nostra voglia di radicarci lì. Di terreni ne vedemmo tantissimi, ma c'era sempre qualcosa che non andava. Poi, come avviene nei romanzi, all'ultimo momento arrivò quello che volevamo.

Era il giorno conclusivo della nostra vacanza del 1961, anno pieno di eventi in Italia e nel mondo intero. Proprio in quel periodo cominciava la costruzione del Muro di Berlino e l'Unione Sovietica mandava Jurij Gagarin nello spazio mentre l'Italia, alle prese con il terzo governo Fanfani, era scossa dell'eccidio di Kindu. Per la nostra famiglia, però, l'evento storico arrivò dalla voce di Adolfo Croux, vecchio contadino chiacchierone che sostava per ore sul muretto del Crocifisso al bivio del Villair. Noi ci stavamo dirigendo verso la nostra 600 dopo aver scartato un'altra opportunità, ormai rassegnati a riprendere i giri l'anno dopo. «I signori cercano un terreno?» ci chiese lui. «Io ne ho uno bellissimo lassù sopra i prati della Costa del filo.» Andammo a vederlo un po' scettici e invece era proprio il posto giusto.

Ci mettemmo d'accordo in poco tempo: ottocento metri quadrati di terreno per una cifra di poco superiore al milione di lire, incluso un piccolo sconto in cambio della fornitura di sale per tutto l'inverno. Allora non lo sapevamo ma in seguito ci venne spiegato che per secoli in montagna il sale era stato il bene più raro e costoso. Costruimmo la nostra casa proprio sul modello di quella della famiglia Sebregondi: tavernino; un piano per pranzo, soggiorno e servizi; un piano per le camere da letto. Il riscaldamento non c'era, perché il nostro vivere a Courmayeur era ed è solo estivo.

C'era però il «sentierino», luogo mitico della famiglia, pista di grida e corse dei nostri figli prima e dei nostri nipoti poi. Era il percorso pedonale che bisognava fare per entrare a casa, visto che il terreno non aveva accesso diretto dalla strada. Ed è il cammino che facciamo tuttora. Può sembrare una fissazione stravagante ma il sentierino è il simbolo della conquista di quella casa. L'abbiamo voluta, l'abbiamo fatta con qualche sacrificio, l'abbiamo tanto amata. Non è stato un appartamento condominiale con garage sotterraneo e ascensore incorporato. A ogni arrivo e partenza ci ricorda che è stato un obiettivo faticosamente raggiunto. Forse, a suo modo, è stato anche quello un lascito dell'intenzionalità che mi aveva insegnato Sebregondi.

In un percorso di appartenenza e di ambizione oligarchica, Courmayeur potrebbe apparire dall'esterno un modo di fare oligarchia perché all'inizio degli anni Sessanta lì c'erano tutti, dagli uomini di Vittorio Valletta agli ex partigiani influenti. Non è così. Allora non stavamo cercando un luogo strategico attorno al quale costruire una rete di rapporti, volevamo solo un bel posto dove costruire la nostra casa. Con gli altri ci si vedeva da amici non da sodali. L'oligarchia veniva tenuta a debita distanza, era un tratto flebile del nostro rapporto con Courmayeur anche se sapevamo che, in caso di necessità, esisteva e poteva entrare in azione. Ma noi eravamo lì per rilassarci approfittando della struttura stellare del sistema abitativo del paese, con un centro e le sue frazioni: ognuno viveva in una delle punte della stella e doveva raggiungere il centro per andare al mercato oppure a cena fuori. Ci si incontrava anche spesso, ma solo se volevi, e comunque senza esagerare.

Quando arrivammo a Courmayeur, tuttavia, un gruppo c'era già, formato da persone che venivano prevalentemente da Milano. Entrai in contatto con loro grazie a Adolfo Beria di Argentine, che già conoscevo.

Oltre che giudice (anche negli anni bui del terrorismo) Beria è stato tra i fondatori di Magistratura democratica, la corrente di sinistra dei giudici, e poi presidente dell'Associazione nazionale magistrati. Ma soprattutto, nel 1948, aveva creato il Cnpds, il Centro nazionale di prevenzione e difesa sociale, un incubatore di intelligenze attente al sociale.

Il Cnpds era un'operazione oligarchica e in origine aveva una radice essenzialmente giuridica. Le persone più importanti erano filosofi del diritto, come Alessandro Pizzorno, oppure giuristi con una dimensione filosofica, come Enrico De Nicola, Gian Domenico Pisapia e Giuliano Vassalli. Beria l'avevo conosciuto qualche anno prima grazie a Sebregondi, che a Courmayeur era suo vicino di casa. Quell'articoletto sugli incidenti stradali che lui mi chiese di scrivere nel 1955 come primo incarico alla Svimez serviva in realtà per un convegno del Cnpds, e mi fece guadagnare non soltanto la stima di Beria ma anche l'iscrizione di diritto al Centro, di cui sono ancora socio.

All'inizio i convegni del Cnpds erano su temi

strettamente giuridici ma poi, proprio sulla spinta di Sebregondi, l'attenzione venne spostata sul sociale. Gli appuntamenti importanti furono due. Il primo, nel 1954, fu un grande congresso sulle aree arretrate che portò a un deciso svecchiamento della cultura economica italiana. I due relatori più illustri erano Pasquale Saraceno e l'economista francese François Perroux. I loro interventi non erano centrati sulle aree «sottosviluppate» ma sulle aree «sovrappopolate»; avevano quindi un approccio antico, parademografico, e tutti presero atto che nel frattempo la letteratura internazionale era andata avanti.

L'altro evento, nel 1959, fu il primo Congresso mondiale di sociologia, a Stresa. Ricordiamoci sempre che in quel momento in Italia non c'era una cattedra universitaria di sociologia e quindi si trattava di un'operazione pionieristica. Il congresso di Stresa aveva un'impostazione molto sebregondiana: da una parte prendeva il tema dall'alto, invitando persone da tutto il mondo, dall'altra agiva dal basso per fare qualcosa di concreto in Italia. Per questo fu organizzato una specie di precongresso «nazionale» con relativo volume degli atti che conteneva un ottimo insieme dei contributi italiani (uno mio, uno di Massimo Annesi, uno di Manlio Rossi-Doria). Avevano chiesto anche uno scritto di taglio politico per il quale il mio amico Celestino Segni mi aveva segnalato l'allora giovane e promettente Francesco Cossiga. Quello di Stresa fu un congresso di alto livello: venne anche Theodor W. Adorno, che però non partecipò nemmeno a una sessione perché fu letteralmente requisito dalla Rossanda. Parlarono tutto il tempo fra loro.

I due congressi segnarono un punto di svolta per la sociologia in Italia. Ed erano stati pensati proprio da quel gruppo di intellettuali che a Courmayeur si ritrovava a casa Beria. Perché, come mi diceva Sebregondi, d'estate sul prato di casa Beria si ragionava su quello che sarebbe successo l'anno dopo in Italia. Magari esagerava ma in effetti in quella casa si faceva di tutto: dal pranzo di Ferragosto con gli gnocchi al sugo fino alle riunioni più serie e impegnative.

Quando arrivai io, in realtà, il meglio di quella stagione era già passato: ne ho raccolto alcuni frutti ma non ero stato io a coltivarla. Senza Courmayeur, però, non avrei avuto Beria che è stato decisivo per la mia collocazione nell'oligarchia della cultura italiana. Lui era un grande organizzatore di eventi e aveva una spiccata simpatia per me. Poi aveva le sue fisime: se faceva un convegno, voleva avere un comitato scientifico di settanta persone, pagine e pagine di relazioni, un programma definito fin nei minimi dettagli. Ma mi ha aiutato parecchio, almeno fino a quando la sua attività di magistrato non lo ha assorbito del tutto.

Frequentando casa Beria a Courmayeur ho conosciuto tante altre persone che hanno accompagnato un pezzo della mia vita. Ruggero Cominotti, l'ex partigiano Malùra, che aveva creato la Soris, la Società per le ricerche applicate di economia e di marketing industriale. Lui era il grande condensatore di amicizie, quello che arrivava a tutte le ore proponendo di andare a cena oppure di fare una gita. Era anche un grande cuoco: la fondue bourguignonne la preparava con due tegami separati, uno con l'olio, l'altro con il brodo che rendeva la carne più morbida. Cominotti si portava dietro, per tradizione amicale, Giorgio e Silvia Bocca, Franco Momigliano e la moglie, la mitica Luciana Nissim; e anche Luciano Fuà (il grande ideatore di Adelphi con Bazlen e Calasso).

Mentre a casa mia arrivavano ogni tanto Gino Martinoli che aveva frequentato Courmayeur dal 1905 al 1925 e quindi conosceva tutto; suo fratello Alberto Levi, che aveva mantenuto il cognome del padre ed era un grande medico, soprattutto un vulcano di energia; Mario Deaglio e sua moglie Elsa Fornero. Un po' più avanti arrivò anche Giampaolo Pansa, che però prendeva casa in affitto e quindi non aveva la stessa continuità di noi stanziali. Si aggiungano altre persone di antica frequentazione a Courmayeur, tipo Giuliano Graziosi, Franco Bassanini, Enrico Filippi, presidente della Cassa di risparmio di Torino, e anche Giancarlo Lombardi, straordinario gestore di inviti a tavola.

I nomi erano questi ma fra loro non c'è mai stata una unione stretta; forse più che di gruppo bisognerebbe parlare di rete; ci incontravamo perché avevamo tutti casa lì e facevamo l'estate insieme. Tutto qua. Questo creava tuttavia una fluidità di rapporti che, oltre a essere piacevole in sé, poi si ritrovava anche nella vita «civile», quando finivano le vacanze. Un momento che per me arrivava sempre lo stesso giorno, il primo mercoledì di settembre. Per i miei figli era una fissazione ma quella scelta aveva la sua logica: in quel modo non solo evitavo il traffico ma avevo anche un rientro morbido con appena due giorni di lavoro prima del fine settimana. Due giorni che, in più, venivano affrontati senza l'obbligo di giacca e cravatta, per alleggerire ulteriormente il trauma da ripresa.

L'episodio che forse meglio di altri racconta come la rete di Courmayeur fosse quasi invisibile ma si potesse attivare in caso di necessità è quello del mio arresto. Sì, arresto. Era il 10 agosto del 1961, andai al Colle del Gran San Bernardo con mio cognato Gianni e i suoi figli per far vedere ai piccoli i famosi cani. Arrivammo al passo e chiedemmo al carabiniere che stava lì se potevamo andare avanti verso gli allevamenti. «In macchina no» ci rispose. Allora parcheggiammo la 600 e ci incamminammo verso la cresta, ma al ritorno quello ci arrestò per espatrio clandestino. Ci fece salire su una camionetta e, con le catenelle ai polsi, ci portò dritti al carcere di Aosta, giusto il tempo di una telefonata per avvertire mia moglie («Luisa, sto andando in galera, provvedi!»).

Qui scattò l'oligarchia di Courmayeur, perché mia moglie andò da Beria che preparò un piano «a ondate successive». La mattina seguente si sarebbero presentate al carcere Fulvia Sebregondi e mia moglie; poi sarebbe toccato a Renato Treves e un suo amico professore; e solo come ultimo gruppo lo stesso Beria con un suo collega magistrato. Quella notte, comunque, io e Gianni la passammo nella «Tour du fromage» del carcere di Aosta. Ma la mattina dopo, durante l'ora d'aria, arrivò il giudice istruttore: «Senta, io mi scuso con lei ma il brigadiere è diventato matto: è sardo, non lo fanno tornare al suo paese e allora ci ricatta. Ieri mi ha portato quarantatré persone, e ho dovuto riaprire il carcere femminile di Aosta che era chiuso dal '46. Quindi stia tranquillo, a mezzogiorno siete fuori». E infatti dopo poche ore uscimmo, trovammo le donne arrivate da Courmayeur e andammo a fare colazione tutti insieme. Forse sarebbe andata comunque così ma la rete si era spontaneamente attivata.

Su quell'episodio, Beria scrisse di suo pugno più di un articolo di giornale, su «Epoca» il suo amico Ricciardetto (pseudonimo di Augusto Guerriero) parlò del brigadiere dalle manette facili, e dopo qualche mese l'interessato venne finalmente trasferito nella sua Sardegna. Per me, invece, non finì lì.

Qualche anno dopo comprai la mia prima Citroën, una Ds19 usata, «lo squalo». Ma quando andai a ritirarla, il titolare dell'autosalone di piazza Ungheria mi disse che non me la poteva consegnare: «Le informazioni su di lei non sono buone». Cosa fosse successo lo capii solo qualche anno dopo, quando il Quirinale firmò il decreto per l'istituzione della Fondazione Censis. Nino Valentino – il segretario particolare del presidente

Giovanni Leone, che poi sarebbe diventato segretario generale al Cnel – mi chiese di andare a prendere tutti i documenti e portarli direttamente alla «Gazzetta Ufficiale» per la pubblicazione.

Quando mi consegnarono il faldone, cedetti alla tentazione di dare un'occhiata ai fascicoli sui tre soci fondatori. Su Pietro Longo non c'era niente. Su Gino Martinoli c'erano due pagine e mezzo perché a suo tempo l'Ovra si era scatenata per la sua attività antifascista. Su di me c'era solo un foglio: «Nulla risulta a carico del suddetto tranne il fatto di essere stato tradotto in stato d'arresto nel carcere di Aosta per il reato di espatrio clandestino». Ancora oggi, se qualcuno chiede informazioni sul mio conto, quell'annotazione c'è.

A Courmayeur su quell'episodio abbiamo scherzato per anni. Come sui quaranta risotti diversi in quaranta giorni che mi intestardii a cucinare un'estate, con i miei figli che imploravano un piatto di spaghetti. Poi, come spesso accade, il gruppo evaporò. All'inizio degli anni Novanta, Cominotti e Bocca si trasferirono a La Salle, venti chilometri di strada tutta curve. Troppo complicato. Cominotti ogni tanto veniva e proponeva di fare una gita tutti insieme la domenica, ma ormai era andata. E devo dire che nessuno di noi, in seguito, ha mai sentito l'esigenza di raccontare quel gruppo di veri o potenziali oligarchi, forse perché ormai da anni l'ambizione oligarchica è passata di moda, credo per due ragioni.

La prima è che nessuno fa più vacanze di trenta-quaranta giorni. Il fatto che stessimo lì per almeno un mese di fila compensava gli ostacoli creati dalla struttura stellare del paese. E creava una consuetudine che cambiava la natura dei rapporti umani: ci si vedeva la mattina al mercato, il pomeriggio sui sentieri, la sera a cena. Il gruppo si formava da solo, quasi per inerzia fisica. Oggi uno non è ancora arrivato perché sta in barca in Sardegna, un altro va via prima perché deve andare in America. Non c'è più tempo.

La seconda ragione è che non esiste più, in Italia, il gruppo spontaneo. Pensate a cosa è stato Capalbio per la sinistra italiana: era una compagnia «naturale» che si vedeva in spiaggia, in paese, si scambiava le visite. Oggi una cosa del genere sarebbe impensabile anche nella sinistra più tradizionale, più intellettuale, più volenterosa di stare insieme. E questo perché il ritrovarsi fra uguali non è più un valore, ritrovarsi con gente che la pensa come te forse non serve a nulla.

I miei figli frequentano ancora il gruppo della

parrocchia o della scuola. Ma lo sanno anche loro che il gruppo di uguali è un meccanismo inceppato, sono consapevoli che rende di più ritrovarsi fra diversi; per la carriera, per avere qualche idea nuova, per non ammuffire nelle proprie cose. Il gruppo di coetanei omogenei non funziona più, è un fatto storico di cui bisogna prendere atto. Questo non vuol dire certo che nemmeno l'oligarchia funzioni più. L'oligarchia si muove su un altro piano: non è amicale, ci deve essere un meccanismo di riconoscimento, ci può essere qualche forma di deferenza. Ma l'amicizia no. Se penso al rapporto che ho con Gianni Letta o con Andrea Monorchio e che ho avuto con Gaetano Gifuni, c'è simpatia, stima reciproca, ma non c'è amicizia. Non andiamo a cena insieme. L'amicizia è qualcosa di diverso, gli oligarchi di uguale hanno soltanto la capacità di stare nel gioco. Se sono amici sono finiti, se fanno gruppo vengono sospettati delle peggiori nefandezze. Non ci sono gruppi o cordate e nemmeno una gerarchia perché l'oligarchia è orizzontale e senza emozioni.

L'attuale segretario generale del Quirinale, Ugo Zampetti (ancora più oligarca di Gifuni perché meno gigione e più silenzioso), non ha mai dato confidenza a nessuno. Lo conosco da quindici anni, la prima volta che l'ho visto sorridere è stata quando sono andato al Quirinale per la nomina a Cavaliere di Gran Croce e lui mi ha accolto con un sorriso che credevo inesistente, dicendomi: «De Rita, sono proprio contento di vederla qui oggi». Da pari a pari, senza gerarchie, senza bisogno di parole o gesti. Non bisogna essere occulti ma solo discreti e credibili, solidi nella stima degli altri oligarchi. Ma si tratta di un mestiere difficile, che a volte rende necessarie anche alcune finzioni.

Ricordo quando Beria era capo di gabinetto di Mario Zagari, ministro della Giustizia all'inizio degli anni Settanta. Un giorno mi chiamò per chiedermi aiuto: «Abbiamo un problema con Palazzo Chigi. Non ci danno retta su nulla, dobbiamo scrivere una lettera di fuoco». Andai al ministero, mi feci spiegare quali erano i problemi e preparai due paginette e mezzo. Qualche giorno dopo mi chiamò Franco Piga, che pure conoscevo bene ed era capo di gabinetto del presidente del Consiglio, Mariano Rumor. «Ho qui una lettera di Zagari, è furibondo. Gli devo rispondere. Per favore, puoi venire a darmi una mano?» E io andai, feci quello che dovevo fare senza dire nulla sul dettaglio che la prima lettera l'avevo scritta proprio io. Nessuno ha comandato nessuno, né i due capi di gabinetto, né il ministro, né il presidente del Consiglio, né io che avevo scritto le lettere. Ma siamo stati tutti nel gioco.

Una volta esagerammo e rischiammo l'incidente. Eravamo all'inizio degli anni Ottanta, si insediava il governo di Arnaldo Forlani. Il presidente fece il suo discorso e pochi minuti dopo prese la parola Bettino Craxi per la sua dichiarazione di voto. Alcuni passaggi dei due testi erano molto simili, praticamente uguali e questo perché in buona parte erano stati scritti da noi al Censis. Forlani ne fu un po' infastidito mentre Gennaro Acquaviva, per conto di Craxi, fece finta di nulla ma lui per natura lasciava correre. Anche in quel caso, però, abbiamo tutti rispettato il codice tenendo in piedi una finzione. Il codice, nella mia vita, l'ho rotto solo una volta e anche questo è un episodio che merita di essere raccontato.

Parliamo degli anni 1955-56. Un giorno mi chiamarono Vincenzino Saba ed Enzo Scotti, due amici e collaboratori di Giulio Pastore, allora segretario generale della Cisl. Mi chiedevano una mano per scrivere una lettera al presidente del Consiglio, Antonio Segni, in cui il sindacato accettava di collaborare all'attuazione del piano Vanoni. Tra noi c'era un buon rapporto, il piano Vanoni lo conoscevo bene, e quindi dissi di sì. All'epoca, però, aiutavo il mio collega Celestino Segni, compagno di stanza alla Svimez, a rispondere alle lettere che venivano mandate a suo padre, allora capo del governo. Due volte alla settimana uscivamo un po' prima dall'ufficio, prendevamo un gelato da Giolitti e poi andavamo al Viminale, allora sede della presidenza del Consiglio, per «sbrigare la corrispondenza del presidente» come si diceva allora. Un giorno nella cassetta della posta trovammo proprio quella lettera sul piano Vanoni, firmata da Pastore ma in realtà scritta da me. «Che facciamo?» Celestino domandò al padre e lui chiese a noi di preparare una risposta, in cui davamo atto alla Cisl di un'apertura importante. La scrivemmo e non dicemmo nulla a nessuno di quella coincidenza.

Venti anni dopo, in un convegno vicino ad Arezzo, Saba cominciò il suo intervento tutto infervorato: «Ho trovato negli archivi del sindacato un documento fondamentale. La lettera del presidente del Consiglio Antonio Segni in risposta alla missiva che noi gli inviammo sul piano Vanoni...». Alla fine del convegno lo avvicinai con discrezione: «Professo', la prossima volta quell'episodio meglio se non lo cita. Quelle lettere le ho scritte tutte e due io». Ci facemmo grandi risate. Ecco, dopo vent'anni il codice si può rompere. Prima no, altrimenti tutti cominciano a chiedersi per chi giochi, da che parte stai. Diventi un lobbista. L'oligarca, invece, deve restare e apparire neutrale, perché il suo è un gioco a somma zero. Solo in questo modo può essere salvaguardata la sua funzione di taratura continua del sistema.

Sono convinto che l'oligarchia ci sarà sempre e che, anzi, ce ne sarà sempre di più. Mano a mano che diventa complessa, una società ha bisogno di una articolazione delle decisioni altrettanto complessa. Questo la rende non più verticalizzabile, perché la logica del potere che scende dall'alto attraverso i gerarchi e i gregari affonda nelle sabbie mobili delle tante soggettività. La società diventa così propensa all'orizzontalità e non può essere guidata dall'alto ma solo da una rete. E la rete non può che essere oligarchica. Questo passaggio, però, non sempre viene capito perché nella società orizzontale uno vale uno e allora se arrivano i migliori, se a un certo punto c'è un uno che vale due, scatta subito il cecchinaggio. È stato così con Guido Carli che però si poteva difendere bene perché aveva vissuto la vecchia oligarchia frequentando nel dopoguerra sia casa Saraceno sia casa Paronetto. È stato così anche con Mario Draghi che invece, per motivi anagrafici, quel passaggio non l'aveva vissuto e quindi è rimasto più esposto agli attacchi. Ma se il potere verticale non funziona più, l'unica alternativa al caos è la rete oligarchica.

11
Otto figli, la Lazio, i sigari e i supplì

Io e Maria Luisa avevamo sognato di avere dodici figli. Poi non ce l'abbiamo fatta e ci siamo fermati a otto ma l'idea era comunque di avere una famiglia numerosa. Fu una scelta di allegria, di divertimento, più che un progetto razionale. Per dire, la prima figlia l'abbiamo chiamata Elisabetta perché ci ricordava la filastrocca *Mi comprate una barchetta, le mettiamo nome Elisabetta*. Avevamo però la convinzione che l'investimento in una famiglia numerosa fosse il migliore possibile. E i fatti ci hanno dato ragione. Non dal punto di vista economico, perché i figli costano una montagna di soldi, solo di pannolini avremo speso una fortuna. Ma dal punto di vista emotivo sono una cosa bellissima, perché stai dentro una società che si muove, si adatta, che cambia in continuazione. Basta pensare ai corsi di laurea che hanno seguito i miei figli: ingegneria aeronautica, antropologia culturale, teologia, economia, giurisprudenza, sceneggiatura cinematografica. C'è il mondo intero là dentro e proprio questa diversità è fondamentale perché alleggerisce tutto: i genitori non finiscono con l'incarognirsi su una sola vicenda umana, come invece capita spesso a chi ha un figlio solo. Hanno più fronti aperti, sono costretti a diversificare. E poi i problemi i ragazzi se li risolvono tra loro: vanno dai fratelli, si confidano con le sorelle, magari litigano, si menano pure ma i guai familiari vengono gestiti dal gruppo. C'è un filtro naturale che lascia arrivare ai genitori solo le cose davvero importanti.

Per costruire una famiglia, l'amore è naturalmente una base fondamentale e per fortuna io e mia moglie ci siamo voluti sempre molto bene. Ma è necessaria anche una base intellettuale e cioè il «legame coniugale», una delle cose più decisive che ci sia. Secondo la Bibbia, nel matrimonio più che un dovere di fecondità c'è un dovere di trasmissione della benedizione: una catena in cui a tenere tutto è il primo degli anelli, cioè proprio il legame coniugale, che si crea una volta per tutte con il matrimonio. Nasce tutto da lì, se c'è quello puoi trasmettere la benedizione ai figli che arriveranno. È una specie di spinta iniziale che produce un abbrivio durevole nel tempo, il che non vuol dire che non ci siano momenti di difficoltà. Anche io e mia moglie ne abbiamo avuti, all'inizio proprio per il numero dei figli.

A mia madre, Maria Luisa non piaceva, come spesso capita tra suocera e nuora. Per anni mamma, chiacchierando con le sue amiche maestre, aveva cercato di combinare un matrimonio fra me e la figlia di una di loro. Sempre senza successo anche se in un'occasione provò a insistere usando un argomento molto concreto: «Hai visto l'appartamento che hanno destinato alla figlia?». In fondo non sopportava il fatto che la moglie l'avessi scelta io e non lei. Il giorno in cui ci siamo sposati le disse: «Trattamelo bene», il che dava proprio l'idea di quanto poco si fidasse. I primissimi mesi di matrimonio trascorsero senza che mia moglie restasse incinta, cosa piuttosto inusuale all'epoca. E questo non migliorò le cose. Maria Luisa aveva gli occhi un po' allungati, a mandorla, e quel periodo fu caratterizzato da questa frase di mia madre: «Vedrai che quella cinese manco i figli je fa». Uno scontro totale fra due generazioni diverse, due mondi diversi. Un classico.

Mia madre aveva una grande affezione per

sant'Antonio da Padova e frequentava di solito la chiesa a lui dedicata per chiedere miracoli: andava e pagava quello che doveva. Un figlio doveva fare un esame difficile? Diecimila lire. Un parente aveva preso una brutta malattia? Ventimila lire. E allora cominciò a pagare anche per l'arrivo della gravidanza di mia moglie, sicura che senza miracolo la «cinese» non ce l'avrebbe fatta. Poi nacque Elisabetta, la prima figlia, e le cose migliorarono un po' anche perché Maria Luisa, intelligentemente, come madrina scelse proprio mia madre. Lei fu molto contenta, venne in clinica alle sei e mezzo del mattino, commossa. Tutto sembrava rientrato, per qualche mese le cose andarono bene e migliorarono ancora con l'arrivo del secondo figlio. Poi, quando mia moglie rimase incinta del terzo figlio, mia madre smise di pagare sant'Antonio. Io e Maria Luisa eravamo invece tutti contenti e per dare l'annuncio avevamo invitato i nostri genitori a prendere un gelato al Bar del tennis. «Ma ci avete pensato bene?», «Ma che siete matti?», «Non ce la potete fare!». Nessuno di loro se l'aspettava, venivamo tutti e due da famiglie con due figli. Sembrava una regola implicita.

Ma i guai veri arrivarono con il quarto figlio, nato solo dieci mesi dopo il terzo.

Mia suocera mi accusò letteralmente di non rispettare sua figlia. Mio padre, invece, era molto preoccupato per i soldi: «Ma chi te lo fa fare? Hai già un'azienda sulle spalle» (in effetti erano i primi mesi del Censis). Tornammo a casa abbattuti, mia moglie piangeva. «Ma come, siamo andati tutti felici a dirgli una cosa bella e questi ci hanno trattato come dei delinquenti!» Da quel giorno decidemmo che non li avremmo più avvertiti a voce ma solo con un telegramma. Il testo era sempre lo stesso, riprendeva una vecchia canzone di Ombretta Colli. Cambiavamo solo i numeri: «Se oggi siamo in quattro a fare mapim mapom, tra sei mesi saremo in cinque a fare mapim mapom». I nostri genitori non la presero benissimo ma in qualche modo trovammo un equilibrio. Poi sono diventati nonni molto presenti e affettuosi, perché ai nipoti non si resiste. La pizza prosciutto e fichi che mio padre preparava come merenda da mangiare sulla spiaggia di Anzio i miei figli se la ricordano ancora, una specie di rito familiare. Come i venti supplì e le dieci pizze da portar via da Decio (una rosticceria che oggi non c'è più), la formula magica con cui organizzavamo anche all'ultimo minuto una cena tutti insieme. La domenica sera era una gara a chi ordinava prima tra me e Paolo Mieli. Anche lui prendeva quasi sempre dieci pizze e quella cosa mi incuriosiva. Una volta, mentre aspettavamo di pagare alla cassa, provai a capire: «Paolo, io ho otto figli, con me e mia moglie siamo in dieci. Ma tu, perché ordini così tante pizze?». E allora mi fece l'elenco dei tanti figli che aveva avuto con donne diverse. «Anche io ho una famiglia numerosa» mi disse. E ricordo ancora il sorriso che ci spuntò perché il suo sottinteso era: io con varie donne, tu sempre con la stessa.

Le iniziali perplessità dei nostri genitori non sono state certo un caso isolato. Ogni volta che nella mia vita mi sono trovato a dire di avere otto figli, a crederci erano sempre in pochi. Se oggi aggiungo di avere anche quindici nipoti, quei pochi diventano ancora meno. Non è una sorpresa in un Paese in cui di figli non se ne fanno più. Sulle ragioni di questo fenomeno ci si interroga da tempo ma quelle che appaiono più chiare e forse più legate alla storia del femminismo sono a mio giudizio le meno interessanti: non ci sono asili nido, è difficile conciliare il lavoro con la famiglia, non si guadagna abbastanza, non ci sono soldi. Tutto giusto, per carità. Ma gli italiani che hanno fatto il boom demografico erano poverissimi, molto più poveri di oggi.

Il vero motivo è che allora c'era un'idea di futuro che oggi non c'è più. Torno al perché mi sono sposato in una certa maniera: se hai un'idea di futuro senti che la tua responsabilità è quella di trasmettere qualcosa alle generazioni successive, mentre oggi questo senso della trasmissione è scomparso. Ma credo ci sia anche un altro elemento. Non la mancanza di desiderio – di sposarsi, di avere figli, ma anche desiderio come categoria dello spirito – di cui parla lo psicanalista Massimo Recalcati, idea che pure mi ha convinto per molti anni. Quello che manca nella società moderna è l'intimità, il gusto di stare un po' insieme, di capire l'intimo dell'altro, come sostiene un altro psicanalista, Luigi Zoja. Sant'Agostino diceva *intimior intimo meo*, più intimo a me di me stesso. Noi non abbiamo l'*intimior intimo meo* perché non abbiamo neppure l'*intimior* dell'altro. L'intimo di me stesso si costruisce conoscendo l'intimo dell'altro. E invece viviamo in una società che non dà intimità, che non concede intimità e quindi non permette neppure la maturazione degli affetti. Se non c'è intimità ti prendi un cocktail e poi ognuno torna a casa propria. Se non c'è la famosa mezz'oretta nella 600 che la mia generazione ha coltivato con grande impegno, è difficile costruire intimità, pensare a un futuro, immaginare di avere dei figli. E invece l'intimità potrebbe anche ridurre la profonda paura che oggi l'uomo ha della donna, legata in buona parte proprio al timore di dover fecondare. Oggi avere figli non è più un valore ma solo un intralcio alla vita quotidiana. Un tempo la donna incinta aveva un significato sacrale, un valore storico. Nella Bibbia la fecondità era il valore fondamentale: pensiamo a Tamar e il suocero, alle figlie di Lot che lo ubriacano e gli danno dei figli, e ancora ad Agar, la schiava di Sara, che dà un figlio ad Abramo. Oggi, invece, la donna incinta spesso tende a nascondersi.

Nel libretto che facemmo dopo la morte di mia moglie, c'è un pensiero di Pierre Teilhard de Chardin, grande gesuita, che in una predica agli sposi diceva: «Credete anzitutto nello spirito prima di voi: i nonni, i genitori, gli avi, gli zii e in quello che vi hanno lasciato di valori, di proprietà, di cultura. Credete in secondo luogo nello spirito dopo di voi, nel sorriso dei vostri figli, nell'avvenire dei vostri nipoti. Ma soprattutto credete nello spirito fra voi». Ecco, potrei dire che la mia famiglia è legata allo spirito fra me e mia moglie. E la fotografia che ritrae me e Maria Luisa nel castello di Sermoneta, che ci guardiamo sessant'anni dopo il nostro primo incontro, è il manifesto della nostra vita; non a caso mi fa compagnia sul mio tavolo di lavoro.

Mia moglie è stata la persona più vitale, e al tempo stesso razionale che io abbia conosciuto. È lei che mi ha dato tutto. I figli hanno rappresentato tanto; ma guardando ai singoli, affetto a parte, vedo quello che ho dato loro meno di quello che ho avuto. Solo con mia moglie c'era una vera consonanza e questo perché il rapporto con lei aveva dentro lo spirito, perché c'era l'idea che fra di noi ci fosse qualcosa che era più di noi. Con i miei figli c'è stato qualcosa di diverso, un senso di trasmissione, di mandato, ma non un rapporto così profondo come con mia moglie. Appena un figlio andava via di casa, mia moglie smontava la sua stanza: il messaggio era che non dovevano tornare indietro ed era un messaggio per la loro libertà, pur sapendo che alcuni di loro avrebbero patito un senso di mancata protezione. Un po' di spirito in questa trasmissione generazionale l'ho messo, ma gran parte della mia vita privata è in termini di vita coniugale, anche adesso che sono vedovo da dieci anni. Probabilmente i miei figli ne hanno sofferto, anche per un po' di gelosia verso la mamma. Ancora oggi se facciamo una cena a casa, loro dicono «ci vediamo da mamma», non da papà. Lo capisco, io sono uno strumento da usare con cautela.

La cosa che più mi manca di mia moglie è la sua continua tensione verso il futuro che ha alimentato nel tempo il nostro legame coniugale. Nella sua vita Maria Luisa ha fatto di tutto: ha lavorato alla radio, alla televisione, poi ha fatto dei giardini meravigliosi nelle nostre case, ha prodotto delle coperte patchwork straordinarie, ha fatto il mimo con Jacques Lecoq. Aveva questo senso dello sperimentare in vari modi, una straordinaria capacità creativa e inventiva. A sessantacinque anni ha cominciato a suonare il violoncello: anche questo significa avere sempre dentro un'idea di futuro. Certamente in questa continua capacità e voglia di reinventarsi c'è un bisogno di affermazione di se stessi. Non sto morendo, non sono destinato a declinare. Adesso i miei figli mi dicono spesso: «Papà, si sente che in casa non c'è più mamma perché i quadri sono sempre gli stessi e stanno sempre allo stesso posto».

Io sono decisamente noioso, non ho mai avuto la vena artistica di mia moglie. Quando finisco di scrivere qualcosa mi capita di pensare: «Embè, adesso che faccio? Ho fatto l'ultimo pezzo della mia vita?». Allora mi viene subito da scriverne un altro. In compenso, invece che suonare il violoncello, in età adulta ho cominciato a fumare. Ho iniziato con la pipa verso i cinquantacinque anni, ma era noiosa, si spegneva sempre. Poi verso i sessantacinque sono passato al sigaro, che fumo ancora adesso, più comodo anche se meno profumato. Prima non avevo mai fumato, un po' perché non avevo proprio il gusto di farlo, un po' perché avevo paura. Mio fratello Massimo, grande fumatore, è morto come mio padre di enfisema polmonare, ma non si è mai pentito. Anzi. Anni fa uno dei miei figli, Giulio, si accorse che il suo ragazzino aveva cominciato con le sigarette già a quattordici anni. E allora, per convincerlo a smettere, decise di portarlo dallo zio che stava già molto male, costretto a letto e attaccato alla bombola dell'ossigeno. «Zio, ti ho portato Alberto. Ha cominciato a fumare. Digli che non deve farlo, digli che si rovina la salute.» Mio fratello, come al solito, fece il suo show perché qualsiasi cosa la faceva ad alti livelli: «Albe',» disse al nipote «ci sono due cose belle nella vita: fumare e scopare. Tu sei giovane, falle entrambe più che puoi». Massimo amava fare spettacolo, del resto era uomo di cinema, del cinema degli anni d'oro: sempre pieno di donne, grande portiere a calcio, ottimo tennista. Uno che si godeva la vita ma che, a un certo punto, divenne anche animatore di una comunità di neocatecumenali. «Ho trovato un Dio che mi capisce ma non mi giudica» rispondeva a chi gli faceva notare l'apparente contraddizione di una divinità concepita per se stesso.

Io, invece, a un certo punto della mia vita ho sviluppato una certa tendenza al masochismo e infatti sono un tifoso della Lazio. Nonostante tutti i suoi guai e le sue finzioni, il calcio mi ha sempre emozionato. Mi piacevano Piola, Sentimenti IV, ma soprattutto i registi, perché quello era il mio ruolo quando giocavo con Pietro Longo centravanti di sfondamento. E quindi Bernardini, Re Cecconi, Frustalupi, e anche Luis Alberto. La prima Lazio di Sarri mi piaceva, aveva i tempi veloci necessari, non la velocità fine a se stessa che poi rischia di essere controproducente, non solo nel calcio. Ormai allo stadio non vado più ma c'è stato un periodo della mia vita in cui ci andavo quasi tutte le domeniche. Erano gli anni Ottanta, il presidente della Lazio era Renato Bocchi, che conoscevo bene e aveva salvato la squadra dal fallimento, credo su sollecitazione di Giulio Andreotti. Allora si giocava al Flaminio, Bocchi aveva l'abitudine scaramantica di fare due giri di campo prima della partita per salutare il pubblico. Mi portava sempre con lui e provavo una grande vergogna a sentire gli incitamenti dei tifosi.

Mi rendo conto di aver divagato un po' ma le considerazioni che abbiamo fatto sul senso del futuro, sull'intimità e sul legame coniugale mi portano a credere che, sulla questione di un'Italia che non fa più figli, un'inversione di tendenza non sia possibile nel breve termine. Sono problemi profondi che non cambi con un bonus. Anche perché sbaglia chi pensa che le innovazioni, positive o negative che siano, vengano portate nella società da una minoranza. Nel 1974 molti lessero il risultato del referendum sul divorzio come la vittoria di un gruppo ristretto di progressisti. E invece era la maggioranza degli italiani che il divorzio ce l'aveva negli occhi perché aveva visto decine di film americani in cui tutti divorziavano ed erano felici, il divorzio era facile e la vita era bella anche dopo.

Prima o poi succederà la stessa cosa con l'eutanasia. Lo dico da cattolico obbediente, sono convinto che se si andasse a votare oggi i favorevoli sarebbero non il 70, ma il 90 per cento. L'italiano medio ragionerebbe così: sono stato bene tutta la vita, ho avuto tutte le comodità possibili, non ho sofferto nella mia infanzia, non ho sofferto nello studiare, non ho sofferto sul lavoro perché non mi sono rovinato la schiena sulla terra, non ho sofferto neppure per andare in ufficio perché avevo la metropolitana sotto casa. Ma che? Solo per morire devo soffrire e faticare? Anche io ragionerei così. Come cattolico dovrei dire no, la vita non si tocca, ma come Giuseppe De Rita non avrei dubbi. Del resto la morte fa meno paura di trent'anni fa. Per le generazioni del passato era una cosa spaventosa, mentre adesso, tra progressi della scienza ed evoluzione delle cure, nella maggior parte dei casi non si muore più in modo drammatico. Ci si addormenta. Non ci potrà essere nessun Fanfani che proverà a drammatizzare come nel 1974 quando disse: «Volete il divorzio? Allora dovete sapere che dopo verrà l'aborto. E dopo ancora il matrimonio tra gli omosessuali. E magari vostra moglie vi lascerà per scappare con la serva». Non lo aveva capito ma il Paese era ormai da un'altra parte. Si illudeva ancora di poter guidare i processi dall'alto ma la società italiana di allora era autopropulsiva, decideva lei quando muoversi, dove andare. E ancora oggi è così.

Indice dei nomi

Indice

Questo libro è stampato fabbricato da Grafica Veneta S.p.A.
con un processo di stampa e rilegatura certificato 100% carbon neutral
in accordo con PAS 2060 BSI

Finito di stampare nel mese di agosto 2024
per conto di RCS MediaGroup S.p.A.
da Grafica Veneta S.p.A., Via Malcanton 2, Trebaseleghe (PD)
Printed in Italy